Wagner Philipp

Psalm der 128. vom hl. Ehestand

Die Definition und Beschreibung des heiligen Ehestandes in Predigten gefasset

Wagner Philipp

Psalm der 128. vom hl. Ehestand
Die Definition und Beschreibung des heiligen Ehestandes in Predigten gefasset

ISBN/EAN: 9783744702287

Hergestellt in Europa, USA, Kanada, Australien, Japan

Cover: Foto ©Lupo / pixelio.de

Weitere Bücher finden Sie auf **www.hansebooks.com**

Der 128. Psalm

Item

Die DEFINITION

und beschreibung des heiligen Ehestandes/in Predigten gefasset.

Zu Ehren / dem Durchlauchtigen/Hochgebornen Fürsten unnd Herrn / Herrn Johan Casimirn Pfalzgraffen bey Rein/ Hertzogen in Nider und Ober Bayern/etc. Und der Durchlauchtigen Hochgebornen Fürstin und Frewlein/ Frewlein Elizabet/ geborne Hertzogin zu Sachssen/ Landgreffin in Düringen und Marggreffin zu Meissen.

Durch M. Philippum Wagner
Churfürstlichen Sechsischen
Hoffepredigern/

Dem Durch-

lauchtigen Hochgebornen
Fürsten vnd Herrn / Herrn Johan
Casimirn Pfaltzgraffen bey Rein / Hertzogen inn Nieder vnd Ober Bayern / etc.
Vnd der Durchlauchtigen Hochgebornen
Fürstin vnd Frewlein / Frewlein Elizabeth
geborne Hertzogin zu Sachssen ; Landgreffin in Düringen / vnd Marggreffin zu Meissen / Meinen
gnedigen Fürsten vnd
Fürstin.

Gnade vnd Friede von Gotte
dem Vater durch Jesum Christum
vnsern einigen Heiland / vnd rein
erkendnis vnd standhafftige be-
kendnis der Göttlichen Warheit
durch den heiligen Geist / sampt meinem innigen Gebete zu Gotte / vnd
vnterthenigem gehorsam beuor.

)(ij   Durch-

Vrchlauchtigen
vnd Hochgebornen
Fürst vnd Fürstin/
gnediger Herr / vnd
gnediges Frewlein/
Je elter Standt vnd Ordnung
Gottes iemals gewesen ist auff Erden / ie grössere feindschafft hat solcher stand vnd ordnung auch vom
Teuffel erfaren vnd erdulden müssen / Welcher alles das ienige was
Gott ordnet zurüttet/ vnd alles was
Gott recht spricht das widerficht er/
vnd suchet allenthalben mit grosser
list vnd gewalt / wie er dem Menschen Gottes wolgefellige ordnun-
gen möge entweder gar erleiden/
oder ie zum wenigsten sawer vñ ver-
drießlich machen.   Wie dann kein
stand so gut vnd Gotte wolgefellig
auff

auff Erden jemals gewesen / darinne die leute solcher art vnd tücken des Teuffels nicht weren bißweilen mit jhrem grossen schaden vnd hertzleidt gewar worden. Das aber der heilige Ehestand eine gute vnd Gotte wolgefellige ordnung sey / ist niemand vnter den Christen der solchs nicht wüste oder Leugnete. Wie mancherley weise aber derselbige vom Teuffel vnd seinem anhange ist gelestert worden / gibt zwar auch die erfarung. Dann wie er der eltiste stand vnd ordnung ist / so Gott gestifftet vnd angerichtet hat auff Erden / da der Mensch noch heilig / vnschüldig vnd im Paradeis gewesen ist / so lange hat er auch feindtschaffte müssen haben vnd erdulden von der alten Schlan-

)(iij   gen

gen dem leidigen Teuffel/vnd wird
auch solche feindschafft des Teuffels
wider diesen stand wol bleiben / sintemal S. Paulus weissaget aus
dem heiligen Geiste/das in den letzten zeiten Teuffels Lehrer kommen
werden / die den heiligen Ehestand
verbieten / vnd den gewissen der
Menschen einen strick anwerffen
werden / Welches bißher vom
Babst vnd seinem anhange je gnug
getrieben ist/da man den Ehestandt
nicht alleine für eine schlechte geringe ordnung gehalten / welche ein
jeder seines gefallens möchte brech-
en vnd trennen / sondern hats auch
öffentlich verbotten / vnd vbertrettung solchs gebots mit verlust leibs
vnd lebens gestraffet / sonderlich an
Priestern vnd Kirchendienern/vnd
hat

hat es ehrlicher geachtet in vnehren
vnd vnzucht leben / dann sein Ehelich Gemahl haben. Vnd nichts
desto weniger haben sie solch jhr
Eheloses wesen ein Engelisches
leben genennet. Ach wie köndten
sie den lieben Engelein grössere
vnehre zufügen / dann das sie solche
vnzüchtige leut jhnen vergleichen /
vnd dieses ein Engelisches leben
nennen / das ausser der Ehe in aller
sünde vn schande wird zugebracht.
Wider solche lesterung vnd Teuffels
Lere ist hoch von nöten / das man
mit Gottes Worte gerüstet sey / auff
das man auch im Creutz / so dieser
Stand mit sich bringet / einen bestendigen trost haben möge. Derhalben hat auch Gott in seinem
lieben worte im Alten vnd Newen

)(iiij   Testa-

Testament so fleissig auffschreiben
lassen / was vns zur Lere vnd Trost
von heiligen Ehestande zu wissen
von nöten sein wolte / Dann er
durch Mosen nicht alleine bezeuget/
wie anfenglich der Ehstand von wie
sey eingesetzet / sondern er lest vns
auch daneben an den lieben Patriarchen lehren / wie sie für sich vnd
für jre Kinder den heilige Ehestand
mit so grosser Gottes furcht vnd
reuerentz haben angefangen / Es
lest Gott auch allen frommen Gotts
fürchtigen Ehleuten seinen segen
vnd alles gutes verkündigen / Dagegen aber wil er auch als ein be-
schützer solcher seiner ordnung/ alle
feinde vnd lesterer des Ehestandes
straffen / wie S. Paulus Hebr: 13.
dreiwet : Die Hurer vnd Ehebrecher

brecher wird Gott richten. Vnd hat
Gott in seinem Gesetze den Ehestand vnd das Haußregiment mit
etlichen geboten befriedet / damit er
je gnugsam zuuersiehen gibt / wie
viel er jhme an solcher seiner ordnung / vnd an allen die sich nach seinem willen darein begeben / wolle
lassen gelegen sein / Vnd wes sich
Eheleute in aller jrer widerwertigkeit zu jme hetten zuuersehen.

Daher es auch siets im brauche
blieben ist / das man Eheleuten im
anfange jres Ehelichen lebens/
Gottes Segen vnd alles guts gewündschet hat / welcher wundsch
nichts anders ist dann nur eine erinnerung des / wes sich Gott selber
kegen Gottfürchtigen Eheleuten
erboten hat.

)(v   Des

Des lesen wir ein schön Exempel im ersten Buch Mosi am 24. Capitel / da die liebe Rebecca aus wunderlicher schickung Gottes / dem frommen Isaac zum Ehegemahl zugesagt war / vnd nu so ferne vber Landt jhme solte zugefüret werden / ward sie von jhren freunden also außgesegnet : Wachse in viel tausent mal tausent / vnd dein same besitze die thore seiner Feinde. Das war ein herrlicher segen für newe Eheleute / das sie Gott mit leibsfrüchten wolle segnen / vnd wolle dieselbigen also lassen geraten / das sie ehre vnd frewde an jnen mögen erleben / Dieser wundsch vnd segen ist nicht leer abgangen / sondern diesen beiden Eheleuten reichlich war worden. Dergleichen lesen wir

wir auch bey der Ehestifftung des
jungen Tobiæ vnd der Saren des
Raguels Tochtern.

Sonderlich aber finden wir
eine schöne form eines solchen herrlichen Segens in dem 128. Psalm/
Darinne der heilige Geist den Ehestand vnd Gottfürchtige Eheleute
nicht alleine trefflich hoch rühmet
vnd lobet/sondern er beschleust auch
denselben Psalm mit einem solchen
wundsch : Der HERR segne
dich aus Sion / das du sehest
das glück der Stad Jerusalem/
vnd sehest deiner Kinder Kinder/
etc. Was köndte man Eheleuten
herrlichers wündschen / dann das
sie glück vnd segen sehen vnd haben
möchten / zum Geistlichen / zum
Weltlichen vnd zum Haußregimēt/
das

das ist / das es jhnen möchte wolgehen an Seel vnd Leib / an ehre vnd
gute?

Dieweil dann Gott auch frommer Christen wundsch vnd segen
wil lassen war werdē / so ist es je fein
vnd Christlich das man noch heute
zu tage newen Eheleuten zu jhrem
stande allerley glück vnd segen an-
biete. Dann daraus werden sie
erinnert das sie in einem stande sind
der Gotte wolgefelt / Ja vber welchen GOtt selbs den segen gesprochen hat / vnd können sich mit solchē
segen in allem Creutz vnd trübsal
trösten.

Nach dem dann durch sondere
schickung des Allmechtigen Gottes
E. F. G. auch einander Ehelich
versprochen vnd zugesagt sind / ist

Gotte

Gotte dafür desto mehr zu dancken/
sintemal daraus nicht alleine er-
scheinet das E.F.G.beiderseits diesen standt wider alle lesterung des
Teuffels für einen Gotte wolgefel-
ligen standt erkennen / sondern weil
Gott daraus noch sehen lesset / wie
er ein stiffter solches standes sey/vnd
wie er noch wunderbarlicher weise,
die Eheleute einander beschere vnd
zuführe. Zu solchem E.F.G.Christ-
lichem fürhaben / erkenne ich mich
in vnterthenigkeit schüldig / nicht
alleine alles gutes / sondern auch
das aller beste zu wündschen/welchs
ich lieber mit worten des heiligen
Geistes / dann mit meinen eignen
worten habe thun wollen / Habe
derwegen das schöne Brautliedt
des lieben Dauids den 128. Psalm/

Deß-

Deßgleichen auch die Definition
oder beschreibung des heiligen Ehestandes / in etliche Predigten gefas-
set/vnd/so viel Gott gnade verliehen
auffs deutlichste vnd einfeltigste
außgelegt / Damit habe E. F. G.
ich zum glückseligen anfang / mittel
vnd ende jhres Ehestandes in vnterthenigkeit verehren wollen / in be-
trachtung das solcher Psalm auch
bey dem Christlichen Kirchgange
E. F. G. geliebten Eltern gepredigt
worden/vnd solcher segen auch nicht
leer abgangen ist. Bitte auch vnter-
theniglich E. F. G. wolten solche
verehrung / die meiner person halben zwar geringe /aber des heiligen
Geistes halben sehr gros ist / der
diesen Psalm gestellet hat / gnediglich jnen gefallen lassen /Vnd meines

nes armen stetigen Vater vnsers
für E.F.G. sich ieder zeit gnediglich
dabey vertrösten. Der Allmechtige
Gott vnd Vater vnsers Herrn Jesu
Christi wolle E. F. G. segnen an
Leib vnd Seel/ an gut vnd ehren/
vnd denselbigen gnad verleihen das
sie aus ihrem zeitlichen Ehestande
die grosse vnaußsprechliche liebe
jhres himlischen Breutigams Jesu Christi erkennen/ vnd derselben
in ewigkeit geniessen mögē/ Amen.
Geben zu Dreßden den 16. Aprilis/
im Jare nach Christi vnsers Se-
ligmachers geburt. M.D.Lxx.

E.F.G.

Vntertheniger

M. Philippus Wagner
Churfürstlicher Sechsi-
scher Hofeprediger.

WIE es des heiligen Ehstan-
des / höchste ehr vnd rhum /
Also ist es auch aller Gottfürchtiger Eheleute höchster schatz
vnd trost / wider alles Creutz widerwertigkeit vnd anfechtung in der
Ehe / das der Ehstand Gottes ordnung ist / Welches alle Menschen /
die Ehe in ehren zuhalten / vnd das
Bubenwesen zu meiden / reitzen sol /
Nach den worten des Apostels.
Hebr: 13. Die Ehe sol ehrlich
gehalten werden bey allen / vnd das
Ehbette vnbefleckt / dann die Hurer
vnd Ehbrecher wird Gott richten.

Der

Der CXXVIII.
Psalm.

WOL dem der den
HERREN fürch=
tet / Vnd auff seinen we=
gen gehet.

Du wirst dich nehren dei=
ner hende arbeit / Wol
dir du hast es gut.

Dein Weib wird sein wie
ein fruchtbar Weinstock
vmb dein Haus herum/
Deine Kinder wie die
Olzweige vmb deinen
Tisch her.

A   Siehe

Siehe also wird gesegnet
der Man der den HER=
REN fürchtet.
Der HERR wird dich Se
genen aus Zion / das du
sehest das glück Jerusa=
lem / dein lebenlang.
Vnd sehest deiner Kinder
Kinder / Friede vber Is=
rael.

Die Erste Pre-
digt / Vber den Ersten
Verß.

Wol dem der den HErren
fürchtet / vnd auff seinen
wegen gehet.

Jesen herlichen Psalm
geliebten im HERREN/
haben wir für vns genom-
men in den Hochtzeit Pre-
digten zuerkleren / vmb vie-
lerley vrsachen willen / Sonderlich aber
weil der Teuffel in diesen schwinden vnd
teweren zeiten / vielen armen Eheleutlein
den heilligen Ehestand wil schwcher vnd ver-
drießlich machen / das sie darinnen vngedültig werden / vnd alles trostes vergessen
sollen/ Wie ers dann bey vielen auch zuwege bringet/das sie rewet/das sie in Ehestand
sich begeben haben/das sie auch nicht geden-
cken/wer denselben Ehestand verordnet hat/

Ja

Ja bringets auch entlich wol dahin/ das einer an Weib vnd Kindt trewlos wird/ vnd in seiner Armut vorzweiffelt.

Diesem vnraht zubegegenen habe ich allen fromen Eheleuten zu troste hinfurt zu Hochzeiten diesen schönen lieblichen Psalm stückweis erkleren wollen/ Dann der ist ein schön Hochzeit Liedt/ welchs der heilige Geist gemacht hat/vnd wie er ein Himlischer Poet vnd Tichter ist/ also ist auch dieses ein Himlischer Meister gesang/ vnd lobet das werck seinen Meister.

Man pfleget sonsten auff Hochzeiten etwa Braut vnd Breutigam anzusingen/ aber man brauchet wenig Christlicher gesenge/ sondern gemeiniglich leichtfertiger Lieder darzu. Aber der heilige Geist lehret vns/ wie man Braut vnd Breutigam solle ansingen/das es Gotte gefalle/vnd machet dazu einen feinen Psalm/ darinnen er fürnemlich mit denen zweien stücken vmbgehet. Erstlich lehret er wie man den Ehestandt solle anfahen/ das er möge wol vnd seliglich gerahten. Dann wenn wir lange solches bitten/Zwo personen habe eine Eheliche sache für/ Gott wolle Braut vnd

Breutigam

Breutigam glück geben / vnd sie selbs nicht
wollen das jhre dabey thun / so ist solcher
wunsch verloren. Das sie nu wissen in
wassen standt sie treten / vnd wie sie darinne
leben sollen / so treibt der heilige Geist solchs
hie am ersten mit denen dreien wörtlein.
Timere Deum, Ambulare in vijs eius, &
laborare inuocatione, Das ist/Gotte fürch
ten / Auff seinen wegen wandeln / vnd seines beruffs fleissig warten. Fürs andere/so
setzt er nacheinander eine grosse anzal allerley herrlicher wolthaten Gottes / damit er
solche Eheleutlein wil Segenen / Nemlich
mit segen vnd gedeien / zur arbeit / Mit einem Fruchtbaren Weibe / mit frischen vnd
wolgerahtenen Kindern / mit langem leben
mit glück vnd heil im Geistlichen / Welt-
lichen/vnd Haußregiment. Solche zwey
stücke vom Lobe vnd Segen eines Christlichen Ehestandes wollen wir E. L. aus
diesem Psalm vormelden / vnnd dißmal
den Ersten Verß für vns nemen / Wol
dem der den HERREN fürchtet/
vnd auff seinen wegen gehet.

Die Schüller wissen / welches inn

der

der Proposition das Subiectum oder Prædicatum sey/ Nemlich von weme/vnd was
der heilige Geist von denen Prce.ze. In
der Schulen sagen wir/ Timere Deum, &
ambulare in vijs eius, das ist das subiectum, Beatum esse, ist das prædicatum, Denen die GOtt fürchten vnd a. ... nen wegen gehen/ sol es hie zeitlich vn. ..rte ewiglich wolgehen/ Vnd weil nu sonderlich dieser Psalm auff Eheleute gerichtet ist/ so ist
die meinung dieses Verses/2 ..i dem Breutigam vnd der Braut/dem p. hr Eheuolck/
Das ist ein seliger Breutigam/ eine selige
Braut/vnd ein seliger Ehestandt/ Wo man
den HERREN fürchtet/ vnd auff seinen wegen wandelt.

Do einer etwan einem gewisse anzei-
gung saget/ wie oder wo er gute Kuckes bekommen sol/wie höret man mit fleisse zu/wie
trachtet man denselben mitteln so gar fleissig nach/ vnd felet doch wol so schier als es
trifft/wo man auff hören sagen bawen wil.
Nun zeiget vns der heilige Geist hie an/ wie
man seinen Ehestand auff Erden anfahen vnd führen solle/ damit glück vnd
segen dabey sein möge/ Der heilige Geist
leugt

leugt nicht / diese mittel fehlen nicht. Die
Welt nennet den Eheſtand einen Wehe-
ſtandt / vnd ſaget / Ach vnd Wehe / iſt das
Tegliche Brodt in der Ehe. Vnd iſt offtmals war / denn wie wirs anfahen vnd treiben / ſo gehet es auch. Einer ſehet den Eheſtandt an etwan mit leichtfertigkeit / auff einen truncken abendt / one vorwiſſen ſeiner
Eltern vnd Freundtſchafft / durch kopplerin /
one alles gebet / Er halt ſeinen Eheſtand /
wie der Hundt ſeine Faſten / Denen wird
freilich wol ihr Eheſtand zum Weheſtand /
do eitel Creutz / ach vnd weh drinnen iſt.

Aber der heilige Geiſt wil vns hie lehren /
wie mans anfahen / vnd treiben ſolle / das
der Eheſtand ein geſegneter / gebenedeieter
vnd glückſeliger orden vnd ſtandt ſein möge /
Vnd ſetzet ſonderlich die drey ſtück / Man
ſolle Gott fürchten / Auff ſeinen wegen gehen / Vnd trewlich arbeiten.

Weltlicher weiſe können wir auch ſagen / das einer bey einem groſſen Herrn nicht
beſſer zu gnaden kommen / vnd ſeiner gnad
genieſſen kan / dann wenn er ihn für ſei-

A iiij   nen

nen Herrn erkennet / in fürchtet / vnd ihm
seine gebürliche ehr gibt / darnach / wenn er
seine befehl trewlich außrichtet / vnd letzlich/
wenn er in seinem dienste vnd ampte fleissig ist. Solche Diener pflegen ihrer Herren gunst zugeniessen / vnd irer wolthaten
theilhafftig zu werden. Ja was ist aller
Herren gunst vnd wolthat gegen GOttes
Gnad Segen vnd wolthat zuachten? Ich
neme einen gnedigen Gott / vor alle gnade
vnd vngnade der Menschen/Solche gnade
vnd Segen GOTtes sol man erlangen/
spricht Dauid/wo man den HERREN
fürchtet / vnd auff seinen wegen wandelt.
Lernet itzundt/ was die schrifft nennet Gott
fürchten / vnd auff seinen wegen gehen.

Die heilige schrifft brauchet das wörtlein: Gott fürchten: auff zweierley weise/
Erstlich in specie, so viel das erste Gebot
betrifft / do wir sagen: Wir sollen GOtt
vber alle ding fürchten/lieben vnd vertraw-
en / Das ist / wir sollen von keinem andern
Gotte wissen / für keines andern GOttes
zorn vns fürchten / keinen andern Gott lie-
ben/vnd auff keinen andern vnser hoffnung
vnd zuuersicht stellen / dann allein auff den
. Gott/

Gott / welcher Himel vnd Erden geschaffen / sein heiliges Euangelium vom Himmel offenbart / vnd seinen einigen lieben Sohn auff diese Welt gesandt hat.

Also stehet die erste furcht Gottes in cognitione essentiæ & voluntatis Diuinæ, Das wir den einigen / waren allmechtigen Gott kennen / vnd wissen / wes wir vns zu jhme zuuorsehen haben. Das wissen Türcken / Jüden / Heiden / vnd Gottlose nicht/ die eines theils jnen Abgötter machen. Die haben auch in jhren nöten keinen gewissen bestendigen trost/dann sie fehlen des Gottes der da helffen kan vnd helffen wil. Was ists nu wunder / das es den frechen leichtfertigen vnd Gottlosen in jhrem Ehestande vbel gehet / dann sie halten vnd wissen von keinem Gotte/Sie leben wie das vnuernünfftige Viehe / Drumb sindt sie auch aller plage vnterworffen.

Wer aber glück vnd segen zum Ehestand haben wil / der lerne erst Gott fürchten / Wie jn das Erste Gebot lehret / das er wisse wer jhn erschaffen/vnd erlöset habe/ vnd von welchen er noch teglich alles gutes habe zugewarten.

A v   Darnach

Darnach nennet die schrifft GOtt
fürchten / In genere, Der rechten Gottes-
dienste der ersten Taffel der Zehen Gebot
Gottes trewlich warnemen / Timor Dei
sumitur pro toto cultu primæ tabulæ,
Das fasset viel in sich / Dann wenn wir im
ersten Gebot haben Gott lernen erkennen /
vnd jn fürchten im hertzen / So kompt das
ander Gebot / vnd lehret vns den fürchten
mit vnser zungen / Das wir jn nicht lestern /
das wir bey seinem Namen nicht schweren /
nicht zeubern / liegen oder triegen / Sondern
jn für vnsern einigen waren nothelffer anruffen / gerne beten / jm für alle wolthat dancken / vnd seines Namen preisen. Das heist
GOtt fürchten nach dem andern Gebot.

Aber im dritten Gebot heist Gott fürchten / seiner Ohren vnd Zungen zu seinem
lobe gebrauchen / sein heiliges Wort predigen / gerne zur kirchen gehen / Predigt hören /
das Sacrament entpfahen / vnd der rechten
Gottes dienste abwarten.

Wer dieses thut / der fürchtet Gott recht /
vnd wie solche furcht Gottes ist ein anfang
aller Weißheit / Also ist sie auch ein anfang
alles glücks vnd segens. Drumb lernet was
heist

heist Gott fürchten/jn warhafftig erkennen/
mit hertzen mund vnd ohren ehren/wie auch
die außlegung der ersten drey gebot anzeigt
in ewerem Catechismo.

Was heist aber nu auff seinen wegen
gehen? Gottes wege heissen in heiliger
schrifft gemeiniglich seine gebote. Auff seinen wegen wandeln/heist nach Gottes geboten sein leben anstellen/ Vnd begreifft hie
der heilige Geist die gebot der andern Taffel/
vnd saget/ Weme es glück jm Ehestande
gehen solle/der mus sich auch des gehorsams
der zehen Gebot. Ein junger Ge-
selle/ der zu seinem Ehestande wil glück vnd
segen haben/der sol sehen/das er Vater vnd
Mutter gehorsam gewesen sey/ das er sie
nicht mutwillig beleidigt oder erzürnet habe/
das er sich one jr vorwissen nicht verlobet
habe. Darnach sol er auff dem wege des
fünfften Gebots wandeln/sol friedlich leben/
nicht ein Haderkatze sein/ dofür die steine
auff der gassen nicht mit frieden bleiben
können. Er sol sehen/ das er wandle
auff dem wege des Sechsten Gebots/ er sol
nit ein Hurenjeger/ ein Frawen vnd
Jungfrawen schender gewesen sein.
Er

Er sol sich des Diebstals vnd alles verfor-
theilens / alles nachredens etc. euſſern. Da es
nennet der heilige Geiſt auff Gottes wegen
wandeln, Das ſind alſo die zwey mittel /
damit man den Eheſtandt anfahen vnd
treiben ſol. Gott fürchten / vnd auff ſeinen
wegen wandeln / Die wolle E. L. mercken / vñ
in jhrem Eheſtande ſich darnach richten.

Was ſagt er dann von ſolchen Leu-
ten? Wol denen / ſpricht er / ſolches ſind ſel-
ge Leute / ſie ſind in einem ſtande der Got t
wolgefelt / darinne ſie Gottes Segen haben
zugewarten.

Wenn wir ſonſt kein ander Encomi-
um, des Eheſtandes hetten / dann dieſes alleine / Beati omnes qui timent Dominum,
So were es doch je den Eheleuten tröſtlich /
Aber wir werden des lobes mehr hören / damit ja Eheleute in jhrem Eheſtande nicht
zagen / oder kleinmütig werden / ſondern gewis ſind / GOtt laſſe jhme dieſen ſtandt
gefallen.

Wiewol nu offte dauon gepredigt
wird / ſo kan man doch dis ſtück nicht gnug-
ſam predigt vnd treiben. Daſt wir ſind leider
las / vnd vnfleiſſig zuhören / vnd ob es etliche
hören /

hören / so gehets doch zu einem ohr ein / zum
andern wider aus / es hafftet selten. Dann
neben vnserm vnfleis feiret der Teuffel
nicht / der Gottes ordnung feind ist / vnd sich
mit aller macht vnderstehet den Ehestand
zuzurrütten / vnd alle vnzucht zufördern /
wie ers dann dahin gebracht hat / das die
Welt eben das widerspiel vom heiligen Ehestande helt / dann der heilige Geist hie lehret.
Hie stehet wol den Gottfürchtigen Eheleuten / selig sind sie: Im Bapstumb saget man
Wehe jhnen / sie sind in einem fleischlichen
vordamlichen stande / etc. Auff der andern
seitten treibt der Teuffel rohe / wilde / junge
Bursch / das sie den Ehestand vorachten /
vnd die für Narren halten / die sich darein
begeben / Aber mit beiden theilen der vorechter findet sich die straffe nur alzu viel / das
sie ein böse gewissen haben / vmb ehr vnd gut
kommen / für der Welt zuschanden werden /
vnd offte durch grewliche kranckheiten mit
der haut bezalen müssen. Damit Gott einen besondern ernst sehen lest / das er den
Ehestand rein gehalten / vnd vnuerachtet
wolle haben.

Wo

Wo aber bey solchen Leuten zeitliche
straffe nicht folget / da ist gewis etwas er-
gers dahinden / Nemlich / die ewige Hellische
vordamnis. Drumb wisset / das der Ehestand Gotte gefellet / wer darinne wil ein
gut gewissen vnd Gottes segen haben / der
sol Gott fürchten / vnd auff seinen wegen
wandeln / Vnd ob bißweilen Creutz mit vnter leufft / so sol doch Gottes hülffe vnd segen
bald wider drauff folgen.

Gott wolle Braut vnd Breutigam
auch alle andere Eheleutlein mit seinem heiligen Geist erleuchten / das sie in Gottes
furcht ein Christlichs leben führen / vñ
neben einem frölichen gewissen
Göttlichs Segens mögen
theilhafftig werden /
Amen.

Die

Die Ander Pre-
digt / vom Andern
Verß.

Du wirst dich nehren deiner hen-
de arbeit. Wol dir du hast es gut.

Elibten im HErrn / Diesen Psalm
hab ich in Hochzeitpredigten für
mich genommen zuerkleren / in be-
trachtung der schwinden vnd fehrlichen zeit/
darinne der Teuffel vielen jhren Ehestand
erleiden vnd trübselig machen wil / Bringets auch bey vielen zu wege wo nicht mit dem
werck / doch mit vnnützen gedancken vnd
worten / Ich wil der mancherley vnrichtig-
keit geschweigē / da mancher Weib vnd Kind
im elend sitzen lesset/vnd dauon zeucht/etc.

Wider diesen vnrhat der vorgeblichen
gedancken / worte / vnd wercke / vnterrichtet
vnd tröstet vns dieser herrliche Psalm/darin
ne der heilige Geist lehret/wie gnediglich Got
vber diesem stande halten/wie reichlich er denen so Gottseliglich darinne lebē/seinen segen
zeitlich vnd ewiglich geben vn̄ mitteilē wolle.

Dann

Dann weil der heilige Geist Gottseligen Eheleuten hie so viel glücks vnd heils wünd=schet mit zusagung Göttliches segens/bei=de in zeitlichen vnd Geistlichen gütern / so wird Gott ohne allen zweiffel an diesem stande einen grossen wolgefallen haben.

Wie man aber Gotte in solchem stan=de gefellig sein solle / haben wir nechst zum teil aus dem ersten Verß angezeigt/da Da=uid sagt/ Wol dem der den HErren fürchtet / vnd auff seinen wegen ge=het. Gott fürchten heist in specie, nach dem ersten Gebot jhn erkennen / lieben vnd ver=trawen. Darnach in genere jme die Cultus des andern vnd dritten Gebots erzeigen/ Confiteri, Laudare, Inuocare, &c. Item eius verbum audire, predicare, &c.

Wer dis thut/ der heist Gottfürchtig/ Aber er setzt daneben noch eines/ Wer auff seinem wege gehet. Das begreiffe die werck der andern siben gebote/ Vater vnd Mutter gehorsam sein etc. Das heist nu auff Got=tes wegen gehen / Wer also Gottfürchtet/ vnd auff seinen wegen gehet/ der hat hie die zusage/ es solle jme wol gehen/ Gott wolle bey jme sein/ etc.   Das

Das aber bißweilen die Gottlosen grösser glück zur narung / auch mehr Kinder
haben / dann die Gottfürchtigen / das ge-
schiehet darumb das Gott sie durch solchen
segen vnd wolthat bewegen wil / das sie sich
zu jhme solten bekeren / Da aber dis nicht ge-
schiehet / vnd der Gottlose sich Gottes güte
nicht wil lassen zur Busse locken / so sol doch
solch zeitlich glück jhnen hernach vbel bekommen / das sie lieber wündschen solten / sie weren from vnd Gottfürchtig gewesen / vnd
weren dabey betteln gegangen / denn das sie
der gütigkeit Gottes in jhrem vberfluß also
mißbraucht haben. Denn wenn sie meinen /
sie sitzen in den höchsten ehren / vnd in der
besten narung / so wird sie Gott hie zeitlich
vnd dorte ewiglich in abgrundt der Hellen
stossen / Wie der 37. Psalm sagt / Erzürne
dich nicht vber die bösen / sey nicht neidisch
vber die vbeltheter Dann wie das gras werden sie balde abgehawen / vnd wie das grüne
kraut werden sie verwelcken. Item / Erzürne dich nicht vber den / deme sein mutwil
glücklich fortgehet / Es ist noch vmb ein
kleines / so ist der Gottlose nimmer / vnd
weil du nach seiner stedte sehen wirst / wird er

B   weg.

weg sein. Derhalben ist der Gottlosen glück
mehr fur einen schaden / dann für ein glück
zuachten / vnd ob es den Gottfürchtigen
auch nicht allwege so gerade gehet/so haben
sie doch den trost / der jhnen solchen segen im
Ehestande hat zugesaget/der sihet jr elende/
vnd wils widerwenden.

Nu kommen wir auff das dritte mittel
dadurch Gotfürchtige fromme Eheleute in
Gottes segen sollen gewarten. Dauon sagt
Dauid. Labores manuum tuarum manducabis: Beatus es, & bene tibi erit. Du
wirst dich nehren deiner hende arbeit / Wol
dir du hast es gut. Da habt jr ein Præcep-
tum de labore, vnd eine Promissionem, de
benedictione laboris. Ein gebot das man
arbeiten solle / vnd eine verheissung das solche arbeit nicht leer abgehen solle. Das
düncket vns auch seltzam / das es der Gottfürchtige in seinem Ehestande gut haben
vnd doch gleichwol arbeiten solle. Kündte
nicht Gott seinen segen one solch mittel der
arbeit geben? Ja solches köndte er wol thun/
es gefelt jhme aber also wol/das man arbeiten vnd etwas fürhaben solle / damit man
den müssiggang/der so viel vbel mit sich brin
get/meiden möge.   Dann

Dann es mus sein gebot / Jm schweis
deines angesichts soltu dein brod essen / bleiben vnd gehalten werden / vnd ist noch gleichwol für eine grosse gnade anzunemen / das
er solche vnsere arbeit (so ferne wir Gottfürchtig sind) keine vorgebliche arbeit wil
sein lassen / sondern die geschehene vermale-
deiung des Erdreichs auffheben / vnd zur
arbeit seinen segen vnd gedeien geben. Bleibe
also die arbeit auff allen Adamskindern / so
lange sie mit dem sterblichen leibe beladen
sein / vnd mus doch gleichwol / was man mit
der arbeit / gewinnet / nicht der arbeit / sondern
Gottes Veterlichen vnd gnedigen segen
zugeschrieben werden. Von solchen beiden /
Nemlich / von der arbeit vnd Gottes segen /
lesen wir ein herrlich exempel / Lucæ 5. Da
S. Petrus auff das Wort Christi sein netz
auswirfft / vnd aber doch bekennet / Er habe vnter die gantze Nacht vorgeblich gearbeitet / Aber doch auff den befehl Christi wolle er sein netz ausswerffen da beschleust er erst
eine grosse menge Fische. Da hören wir /
was vnsere arbeit ist one Gottes segē / Vnd
wie man zu grossem gedeien arbeiten könne /
wenn man in Gottes furcht arbeitet / Vnd

B ij   das

das sollen wir wol mercken/wie vns müssiggang verboten/ vnd arbeit geboten ist/ Dan
wie dis in der heiligen schrifft allenthalben
geboten ist/ Vt laboremus, Also ist dasgegen
der schendliche müssiggang allenthalben
verboten/Als Prouerb:28.

Wer müssiggang nachgehet/wird ar-
muts gnug haben / Vnd ob müssiggenger
bißweilen eine zeitlang gnug haben / so
nimpts doch entlich einen bösen außgang/
Wie Ezechiel von den Sodomittern klagt
Cap:16.Vnd die heilige Schrifft Genesis.
jhre straffe meldet.

Höret aber nu ferner was der heilige
Geist nennet Labores, manuum euaram.
Nicht alleine Dreschen / Schmiden/ Holtz
hawen/vnd was andere mehr für pöffel arbeit mit den henden geschicht/Sondern was
eines jglichen beruff mit sich bringet/Dann
das wörtlein legia das hie stehet/bedeutet
solche labores qui tàm agendo quam paci-
endo sinnt.

Carlstad deutete das wort im schweis
deines Angesichtes / alleine auff die grobe
arbeit der hende/Als Graben/Reuten/Pflü-
gen / vnd wolte zugleich pflügen vnd studi-
ren/

ren/daran thet er vnrecht. Dann es kan die
Welt nicht einerley standt haben/ so können
auch allerley stende nicht einerley arbeit ha-
ben/ sondern bringt ein jeder stand seine eigene arbeit mit sich. So halten wir nu billich für die vornemsten stende den Lehrstand/
den Regierstandt / vnd den Bürger vnd
Pawernstand. Da sol ein jeder in seinem
stande trewlich vnd fleissig thun / was jhme
gebüret/ so heist es/er hat gearbeitet.

Der Lehrstandt inn Kirchen vnd Schulen bringet trawn seine sondere sawre arbeit
mit sich / das einer offt lieber dafür dreschen
solte / Wie solche mühe vnd arbeit Syrach
am 39. mit vielen worten erzelet / vnd S.
Paulus sagt/Er habe mehr gearbeitet/ dañ
die andern Apostel alle. Vnd ist eigentlich
vnd gewis war / Welcher Lerer vnd Prediger inn seinem Ampte wil trewe sein / der
wird mit beten / lesen/schreiben/vnd anderm
mehr arbeit haben/weder kein Handwercksß-
man haben kan.

Man redet aber nicht von den müssigen Papistischen Meßpfaffen / Sondern
von rechtschaffenen Bischoffen / vnd Pre-
digern / die zum Predigampt ordentlicher
weise

weise beruffen/vnd das Volck zu lehren/zu
trösten / zuuormanen / vnd zu vnterweisen/
gesetzt sind / die haben ein mahl arbeit gnug/
wenn sie jhrem Ampte gnug thun wollen/
Wie Malachias am 2. dauon sagt/ Labia
Sacerdotis custodiunt scientiam &c. O
das Custodire bringt viel mühe mit sich/etc.
Derhalben wen Gott in den stand gesetzt
hat / das er in Schulen oder Kirchen lehren
oder regieren sol / der darff jhme kein gewissen darüber nemen / das er in einem solchen
stande ist/da er mit dem kopffe vnd nicht mit
den henden zu arbeiten hat/ dann das wörtlein legia bedeutet auch solche arbeit/die man
mit innerlicher sorge vorbringet/etc.

Nach dem Geistlichen stande folge der
Weltliche regirende stand / der vngezweiffelt seine last vnd bürde / seine mühe vnd arbeit auch mit sich bringet / wo man nur dem
Ampte gnug thun wil.

Die Weltkinder sehen an weltlichen
Fürsten vnd Herren nur auff die eusserliche
lust/ die sie in jhrem stande haben/mit jagen/
rennen/etc. vnd achtens für einen müssigen
stand der keine sondere arbeit habe.

Aber

Aber wo ein Herr sich seines regiments mit trewen vnd fleis annimpt/der hat sorge vnd müh gnugsam/Dann vber dis/das er mus sehen/wie in einem gantzen Lande recht geleret werde/was ist dis vor müh/die frommen schützen/die bösen straffen/vnd einen jeden zu seinem rechten helffen/Zucht vnd Erbarkeit fördern/etc. Wie der 82. Psalm etliche solche mühe vnd arbeit erzelet. Aber der Psalm strafft trawn auch dagegen die Regenten/die nur auff jhre lust vnd nutz sehen/vnd dagegen jhrer last vnd bürden nicht warnemen/Jr füret ewer Ampt nicht fein/igitur vt homines moriemini,&c.Potentes potenter tormenta patienter.Was wir aber von Fürsten sagen/das vorstehen wir auch von andern regirenden Personen/das sie die sorge vnd mühe jhres Amptes nicht schewen sollen/etc.

Nach diesem regirenden stande folget der gemeine Bürger vnd Pawerenstand/der sich mit seiner Handtierung/Handtwerck/Ackerbaw vnd anderer arbeit seiner hende nehren mus.

D iij   Summa

Summa / Es sollen die jenigen so im Eheftande sind / sie sind gleich Fürsten / Pfarrherrn / Bürger oder Pawren erstlich in Gottes furcht leben / vnd auff Gottes wegen wandeln. Zum dritten sich mit der arbeit jhrer hende nehren / Vnd ob wol in allen stenden nicht einerley arbeit ist / so hat gleichwol ein jeder standt seine arbeit / die jh=me Gott geboten vnd auff geleget hat. Hæc de præcepto laboris.

Daraus haben erstlich Eltern zu ler=nen / das sie bey zeiten jre Kinder dazu halten sollen / das sie etwas lernen sollen / dauon sie sich mit Gotte vnd ehren ernehren mögen. Dann da sie in der jugent nichtes lernen / werden sie im alter nichts können / vnd wird müssig gehen vnd pflastertreten jhre beste arbeit sein / dauon man selten reicher vnnd frömmer wird. Cato, Si tibi sint nati, &c.

Es dienet diese ermanung auch für junge Gesellen / das sie gedencken / Gott / Keyserliche Rechte / vnd die vernunfft lehren sie / das es nicht gnug sey / ein Weib nemen / sondern etwas können / dauon sie das mö=gen ernehren.

Wer

Wer nichts gelernet hat / mus sich böser
hendel vnd stücke gebrauchen / oder sich vmb
ein alt reich Weib vmbsehen / darnach alle
tage mit dē Prediger essen / vñ Narr im hause sein / daran geschicht ime nicht vnrecht.

Eltern sein auch nicht zuuordencken /
so sie einem ein from wolgezogen Kind geben sollen / da sie fragen / Wie wiltu sie ernch-
ren? Was hastu für? Was kanstu? Der
heilige Geist sagt nichts dauon / das man
nach grossem gute freien solle / Er sagt auch
nicht das ein jeder müsse hundert tausent
gülden haben / wenn er freien wolle / sondern
er sol etwas können / darauff er sich nechst
Gott verhofft zuernehren / Er sol ein arbeiter sein / des segens von Gott gewarten.
Darumb geschicht den jungen Gesellen
recht / die in der jugent nichts lernen wollen /
die können hernach nichts / vnd ist betteln
jr bestes Handwerck.

Es geschicht auch den Jungfrawen
nicht vnrecht / die mehr lust haben zu müssig-
gengern vnd pflastertretern / dann zu denen
Gesellen / die etwas ehrlichs können vnd gelernet haben / da sie hernach an bettelstab
gedeien / etc.

So sagt aber der heilige Geist nicht allein von dem gebot der arbeit/ welche wir nicht alle so gerne hören/ darzu gehört das Creutz so Gott auff den Eheleuten gelegt hat/ sondern er tröstet auch alle Gottfürchtige Eheleutlein à præmio diligentiæ & laboris.

Gott wil solcher trewen Eheleuter erbeit segenen/ zu ihrem Handwerck/ und was sie fürhaben/ gedeien geben/ dann arbeit thuts nicht/ Grosse arbeit machet nicht reich/ Mancher rennet und leufft/ er hat nichts/ Gott gibts den seinigen/ das sie ir auskommen haben können/ das heist Manducabis, Gott wil dich deiner arbeit also geniessen lassen/ das du deine narung davon haben solt. Das ist ein trost für arme Leute/ die wenig im vorraht haben/ haben geringen lohn/ müssen wöchentlich viel mehr zu Brod haben. Da sagt der heilige Geist/ Bis du nur Gottfürchtig/ wandel auff Gottes wegen/ und arbeite trewlich/ und las Gott fein nach für das Manducare sorgen   Und manducabis.

Es sol auch dis einen jeden in seinem Stande trösten/ das ihme Gott solchen
trewen

newen fleis von einem seden Gottfürchtigen wil gefallen lasse/vnd spricht in selig/etc. Wol dir/du hast es gut. Ach Gott wie freundliche wort / Es wird einem seden sein stand offte so schweer vnd müheselig / das er auch drüber vnlustig wird/wie Moses/da er die Steinern Taffeln für zorn zu warff. Aber den Verß solte ein seder Berckman/ Handwergßman/ja ein seder Eheman vber seiner werckstadt / Ein Rathsherr inn der Rathstuben/ein Prediger in seinem Studirstüblein haben / damit man sich trösten vnd zur sanfftmut gewenen köndte / dann Gott wils haben/er wils segnen vnd wils jme wolgefallen lassen. Hæc de promissione Benedictionis.

Gott wolle jm Braut vnd Breutigam/ auch alle andere Eheleute in seinen gnedigen schutz vnd schirm befohlen sein lassen.
Wolle sie in jhrem stande vnd beruff gnediglich segenen / vnd helffen / das sie in allem Creutz vnd widerwertigkeit sich mit der verheischung trösten. Wol dir du hast es gut/ Amen.

Die

Die Dritte Predigt/ vom dritten Verß.

Dein Weib wird sein / wie ein Fruchtbarer Weinstock / vmb dein Haus herumb.

GEliebten im HErrn/ Bißher haben wir gehandelt drey gebot / damit man den Ehestand glücklich anfahen vnd volzihen kan / Nemlich/ Wenn mans in Gottes furcht ansehet/ Auff seinen wegen gehet / vnd seines beruffs trewlich wartet. Nun werden wir etliche herrliche vorheischungen hören/ wie denn in nechster Predigt eine gehandelt worden/ Wol dir/ du hasts gut. Diese vorheischunge betrifft den segen zu eines ieden arbeit/ Handtwergel oder Beruff / das Gott seine arbeit nicht wil lassen vorgebens sein/ Gott wil das gedeien dazu geben. Drumb solte ein ieder billich

billich in seiner Werckstatt diese wörtlein mit grossen Buchstaben geschrieben haben: Beatus es, & bene tibi erit. Das ist nicht eine geringe vorheischung. Dann weil man in dieser welt zeitlich gut haben mus/vnd kan des nicht entrahten / so ist dieses eine solche herrliche zusagung dauon / die man billich mit sonderem dancke von Gotte annimpt.

Was hülffe es aber / das einer eine gute zimliche narung hette / vnd hette nicht ein ehrlich/haußheltig Weib dazu/die jhme hülffe solches gut vnd narung zurate halten? Die sich in keine haußhaltung müste zuschicken. Bey einem solchen Weibe wird eine stadliche narunge wol müssen zu drümmern gehen. Dann wenn der Han die Körnlein zusammen tregt / vnd die Henne jmmer hinweg scharret/Da wird nimmermehr kein heufflein draus werden/ wie wir des wol exempel haben / das ein Man nimmermehr so viel erwerben kan / als ein verthulichs Weib außtregt vnd anwirdt.

Weil nu Gott der Himlische Vater weis / das ein Mann alleine schwerlich Haußhalten kan / so sagt er hie jme ferner einem Gottfürchtigem Ehemanne der auff
seinen

seinen wegen wandelt eine trewe Haußhalterin / die sich in die sache recht schicken könne / auch zu. Vnd ist diese zusagung / den segen / ein Ehrliches / frommes / züchtiges Weib belangende / noch trefflicher / dann der vorige / das zeitliche gut vnd narunge betreffende / Wie wir dan hernach die vrsache anzeigen vnd darthun wollen.

Die Worte dieser vorheischung von einem frommen / ehrlichen Weibe lauten also: **Dein Weib wird sein / wie ein fruchtbarer Weinstock / vmb dein haus herumb.**

Mercket nu erstlich / das der heilige Geist außdrücklich sagt / Dein Weib / Vxor tua. Mit dem wörtlein / Dein / beschreibt er ein Ehrlich / Züchtig / Tugentsam Weib / das jhrem Manne alleine anhanget / vnd sich nicht zu andern gesellet / Dann ein Weib ist wol zubekommen / aber ein solchs Weib / das sich jhrem Ehemanne alleine nach verhelt / das ist eine edele gabe.

Drumb sol dis Wörtlein / Dein Weib / nicht gedeutet werden auff Vnehrliche /

licher Vnzüchtige schandweiber/sondern al=
lein auff Eheliche Weiber/die nach Gottes
ordnunge im Ehestand sitzen/vnd sich ehr=
lich darinne verhalten. Ein solches ehrlichs
Weib vorheischt hie Gott einem frommen
Gottfürchtigen Ehemanne/die sein Weib
sein solle/die sich ir lebenlang nach jhme hal=
ten/die da Keusch/Züchtig vnd Ehrlich blei=
ben/die irem Man ir lebenlang in allen nö=
ten/armut vñ verachtung/für jhren liebsten
schatz halten/trewlich meinen/vnd als jhr
eigen hertz/lieb haben sol/Das heist/Dein
Weib/Item/die guts vnd böses mit dir
leiden/vnd dich in keiner not verlassen sol.
Ein solches Weib ist freilich ein edle gabe
Gottes/Wie Syrach sagt/Ein Tugent=
sam Weib ist eine edle gabe/vnd wird dem
gegeben/der Gott fürchtet/Er sey Reich oder
arm/so ists ime ein trost/vnd machet jn alle=
zeit frölich. Ein solchs Weib ist einem Man=
ne ein sonderer trost vnd frewde/es gehe jhm
wol oder vbel. Dis were nu allein verhei=
schung gnug/ein züchtig ehrlich Weib be=
langende/Aber ein solchs Weib zieret der
Heilige Geist noch mit einem Namen/
GOTT wil sie mit früchten des Leibes
segenen

segenen/dann sonst heist es Coniugium sine
prole, est mundus sine sole. ꝛc.

Diesen segen vergleicht der heilig
Geist einem fruchtbarn Weinstock/ damit
er die Natur vnd eigenschafft der Weiber
wil abmalen/ Vnd wil doch hierinne auch
die armen Kinderlein beschreiben/ was sie
jren Eltern für eine freude sind.

Der Weinstock an sich selbes ist ein
geringes vngeachtes/ ein dürres vnd vn=
tüchtiges holtz/ daraus man gar nicht
schnitzen noch bawen kan/ Darnach ist es
ein schwaches holtz/ das nicht alleine stehen
kan/ es mus ein Pfal oder Stützen haben/
daran es haffte. Aber wenn seine zeit kömpt
so breitet sichs dermassen aus/ vnd tregt so
ein edle frucht das man billich von solchem
holtze/ wie vnansehenlich es ist/ gros vnd
viel halten mus/ seine frucht/ der Wein/ er=
frewet des Menschen hertze. Also hat es
auch eine gestalt vmb ein ehrlich Gottselig
Weib/ welches wol ein gebrechlich. vnd
schwach gefeß/ oder werckzeug ist/ vnd dem
ansehen nach/ mit gar geringen wercken
im hause vmbgehet. Item/ da sie one Mann
ist/ist es eine verlassene Creatur/die da aller=
ley trübsal

sey trübsal ist vnterworffen / Aber doch wie
schwach vnd gebrechlich es scheinet / da sie
from / Gottselig vnnd klug ist / kan sie das
gantze haus bestellen / regieren vnd zieren.

Es kommen von diesem Weinstock die
eltesten früchte / als die Patriarchen / Propheten / Jhesus Christus Gottes Sohn / die
lieben Apostel / etc. Von diesen früchten
füllet Gott seinen Himmel / dauon bestellet
er alle Regiment auff Erden / Vnd mit
solchen früchten erfrewet er die hertzen der
Eltern. Derhalben nennet nu der heilige
Geist den fürnemesten segen eines Gottfürchtigen Ehemannes ein fruchtbares
Weib / als sey das der höchste schatz / den Gott
eheleuten gibt / Nemlich / die Kinder. Also
segnete Gott / das erste par Eheuolck Adam
vnd Euam. Da nu der heilige Geist ein
fruchtbar Weib vorheischet / wil er sagen:
Gott wil einen frommen Gottfürchtigen
Eheman zum Vater machen / das sein Name vnd gedechtnis auff Erden bleiben sol.
Gott wil dir mit deinem Weibe bescheren
eine lebendige Contrafactur / deines Angesichtes / das sind Chara pignora, Ja das
du Himmels Erben hast / die deines fleisches
vnd blutes sindt.   C   Also

Also habens die lieben Patriarchen
vnd jhre Weiber vorstanden / was Kinder
für eine gabe Gottes sind / vnd haben nach
solchem segen gewündschet / hetten auch die
gantze Welt für ein Kind gegeben.

Also die Rebecca / Rahel / Hanna Sa-
muelis Mutter / Elisabet / die wolten schier
von sinnen kommen / das sie Gott nicht zu
einem solchen fruchtbarn Weinstock mach-
en wolte. Drumb müssen wir vnsere Kinder
nicht alleine ansehen nach dem wesen / wie
sie mit sündlichem fleisch vnd blute von vns
geboren / sondern wie sie Gott vorheischen
hat / vnd wozu er dieselben schencket.

Wozu dienet vns nu dis gleichnis von
einem fruchtbarn Weinstock damit der
heilige Geist ein frommes Weib beschreibet?

Erstlich dienets vns dazu / das wir
lernen / wie Gott das Weibliche geschlecht
wil geehret haben.

Die Welt redet vbel dauon / die Heyden
geben den Weibern gar seltzame Namen /
nennen sie / Necessarium malum, Achtens
dem Fewer vñ Wasser gleich / Wie sie sagen:
Ignis, Mare, Mulier, tria mala pessima.
Aber Gott der heilige Geist redet anders
dauon /

dauon / vnd weis also dauon zu reden / das
man vmb der herrlichen früchte willen / der
andern schwacheit vnd gebrechligkeit eines
Weibes solle vorgessen / Wie vom Socrate
auch geschrieben stehet / das er seinem Weibe
darumb hat können viel zu gute halten / weil
sie jhme schöne Kinderlein brachte. Ja Gott
der heilige Geist vorgleichet ein Weib hie
dem Weinstocke / damit sich der Herr Jesus
Christus selbes vorgleichet / Joannis 15.

Wer an einem Weinstock nur das holtz
an sich selbes ansehen wolte / der würde wenig lust vnd frewde dauon haben / aber vmb
der herrlichen früchte willen / liebet man das
vnansehenliche holtz / Man beschützt vnd bewaret es darumb / das man seiner früchte
hoffet zugeniessen. Eben also gehets im Ehestande auch zu / Wenn ein Eheman nur
auff die gebrechligkeit vnd schwachheit seines Weibes wil sehe / vnd wil nicht daneben
bedencken / worzu jhme Gott solches Weib
gegeben hat / so wirds wenig friede vnd einigkeit im Ehestande machen. Aber ein frommer Eheman sol an diese vorgleichung gedencken. Da der heilige Geist vom Weinstock nur der früchte gedencket / vnd geschwei-

C ij   get des

get des schwachen holtzes / Also sol er auch
vmb der früchte willen mit einem gebrech-
lichem Weibe offtmals gedult trage können/
Wie S. Petrus fein vormanet / das ein
Mann mit vernunfft bey seinem Weibe
solle wonen/etc.

Hiemit aber wil der heilige Geist auch
den Weibern nicht vrsach geben / das sie
solcher früchte sich vberheben/ vnd sonst alle
vnart treiben wolten / Dann da hat ein
Mann so wol als ein Weingartner oder
Wintzer befehl/demselben zuuorzukommen/
vnd es abzuschaffen. Dann wenn ein
Wintzer des Weinstocks mit schneiteln vnd
anderer zugehörung nicht warten wolte/ so
würde er gar verderben / vnd nichts draus
werden. Er mus seine arbeit vnd wartung
daran wenden. Also/wo ein frommer Eheman einem Weibe offte den zaum zu weit
lassen wolte/würde wol nichtes gutes folgen/
Drumb einem Ehemanne hiemit auch nicht
gewehret ist / allem vnraht an einem Weibe
zu wehren / vnd durch gebürliches einsehen
zuuorhüten / das nicht etwan aus einer an-
genommenen weise eine angeborne Natur
vnd gewonheit werde. Das wil der heilige
Geist

Geiſt erſtlich in dieſem gleichnis lehren. Ein
Mann ſol ſein Weib vmb der Kinderlein
willen lieben vnd ehren/vnd ir etwas zu gute
halten / doch auch darauff ſehen / das ſie
durch ſolche nachleſſigkeit nicht vbel gerahte.

Darnach ſo hat GOtt auch hiemit
Eheleut tröſten wollen wider das manch-
feltige Creutz / ſo ſich mit den Kinderlein
pfleget zuzutragen. Für dem fall wehre
ein fruchtbar Weib die gröſte frewde vnd
ſegen geweſen. Aber itzund nach dem fall/iſt
viel wermut dabey/das man den zucker nicht
wol ſchmecken kan / darüber manch fromes
Weib offt vngedültig wird/das ſie den ſegen
für einen fluch vnd plage helt. Ja das
mancher vmb der Kinderlein willen ſich des
Eheſtandes euſſert/ꝛc.

Daran ſehen wir vnſer thorheit/ wie
ferne wir ſind von den gedancken der lieben
Patriarchen / jene haben von Gott nichts
ſo ſehr begeret/ als Kinderlein daran ſie ihre
frewde vnd ehre haben möchten/ wir werden
ſolches ſegens vberdrüſſig.

Gelt vnd gut kan vns Gott nimmermehr gnug geben/wir begereten des immer-
mehr/ aber ſolches ſchatzes wegern wir vns.

Wider solche vnart preiset hie der Heiligе Geist ein fruchtbar Weib / vnd rühmet dieses für die höchste ehre eines Weibes/vnd für den herrlichsten segen eines Gottfürchtigen Mannes.

Ob aber wol Kinder geberen vnd aufferziehen nicht one beschwerung abgehet/vnd ob es wol mühe/angst vnd noth hat/Wollen wir es drumb die Kinderlein entgelten lassen? Wenn es des gelten solte/so müste man die edle gabe Gottes den Wein auch verachten/ denn es allerley mühe vnd warttung kostet/ ehe man seiner geneust.

In summa/Vmb des guten willen sollen wir an einem dinge etwas böses können mit gedult vberwinden.

Das sey vom dritten Verß fürtzlich gesaget.

Gott verleihe diesen vnd andern Eheleuten seine gnade/das sie in jhrem Ehestande solche früchte bringen / daran sie zeitliche vnd ewige frewde haben mögen/Amen.

E

Die vierde Predigt von denen Worten.

Vnd deine Kinder wie die Oelzweige vmb deinen Tisch her

Gleich wie die heilige schrifft den vnzüchtigen vnd allen denen so wider den heiligen Ehestand sündigen/ allerley fluch vnd maledeiung drewet/ auch solches die tegliche erfarung außweiset/ also verheischt sie widerumb frommen Gottfürchtigen Eheleuten allerley glück vnnd segen/ wie sie dann solches auch mit der that erfahren. Dann Gott drewet nicht allein Hurer vnd Ehebrecher zustraffen ewiglich mit der ewigen verdamnis/ Sondern er strafft sie auch hie zeitlich am gute vnd narung/ an jrem gerücht vnd namen/ an Weib vnd an Kinde/ das die Kinder hierinne der Eltern entgelten müssen / Vnd das solche Eltern an jhren vngesunden vnd vngeratenen Kindern offte jr Creutz vnd hertzeleid

E iij   erfaren

erfaren müssen/ Solcher schade vnd vnrath
des Leibs/ des gutes/ des gerüchtes/ der Seelen vnd der Kinder / sol die Ehebrecher vnd
Hurer treffen ; Aber dem frommen Gottfürchtigen Eheman vnd Eheweibe sol dagegen allerley segen bescheret sein/ Wie dieser
Psalm allhie vorheischet. Am gute vnd narung sol er gesegnet werden/ wie wir gehöret
haben : Beatus es, & bene tibi erit. Item/
Einen solchen Gottfürchtigen Eheman
wil Gott mit einem tugentsamen Eheweibe
begaben/ da ein vnzüchtiger etwan ein lose
Weib bekommen sol. Von solchem segen
haben wir nechst geprediget/ was da heisse/
dein Weib wird sein wie ein fruchtbarer
Weinstock vmb dein Haus herumb. Das
ist/ ein Gottfürchtiger junger Geselle vnd
Eheman sol ein Gottselig/ ehrlich/ keusches/
erbeitsam vnd getrewes Weib bekommen/
des er sich habe zufrewen/ auff welche er sich
als auff sich selbs verlassen mag. Aber solches Weib wil Gott auch mit früchten des
leibs segenen/ weil je GOtt den Ehestandt
dazu eingesetzt/ das fromme Eltern da eine
lebendige Contrafactur jres Angesichtes
an jren kinderlein sehen sollen.

Das

Das were ja segens gnug einem Gott
fürchtigen Ehemanne verheischen / aber es
sol noch an solchem segen der narung / vnd
einer fromen Haußmutter nicht gnug sein /
sondern / er sol noch mehr vnd weiter geseg=
net werden. Was sol das für ein segen sein?
Ein ehrlich from vnd züchtig Weib haben
ist etwas / vnd nicht eine geringe gabe Got=
tes. Aber vom selbigen ehrlichen frommen
Weibe feine ehrliche fromme Kinder bekom=
men / Das lasse man auch eine herrliche gabe
Gottes / vnd ein lieblich ding sein. Solche
Kinder vorheischt Gott auch einem Gott=
fürchtigem Ehemanne / neben einem from=
men Weibe in dem er saget / Deine Kin=
der sollen sein / wie die Oelzweige
vmb deinen Tisch her.

Von solchem segen wollen wir dißmal
E. L. berichten.

Es schreiben die Naturkündiger / das
der Oelbaum nicht so wol gedeiet / oder so
gute früchte bringet / als wenn er etwan bey
fruchtbarn Weinstöcken stehet / dauon wer=
den auch die Oelzweige voredelt.

C v   Eben

Eben also schreibet der heilig Geist hie
auch/ Wo ein from tugentsam Weib ist/ die
da einem fruchtbarn Weinstock vergleichet
wird/ welcher Gott kinderlein bescheret/ da
pflegen auch wolgerahtene Kinderlein von
zukommen/dann es pflegt ja etwan die Natur der Eltern den Kinderlein anzukleben.
Demnach dann in nechster Predigt gnug
angezeiget worden / was ein erhlich Weib
für ein Weinstock sey. So wollen wir nu
hören/wie die Oelzweigelein dabey bekleiben/
vnd was für Kinderlein dauon herkommen.
Es sollen gesegnete Kinderlein sein / die da
erstlich am leib frisch vnd gesund sein/Wie
wir singen im deudschen Psalmen/Vnd deine Kinder vmb deinen Tisch/wie Oelpflan-
tzen gesund vnd frisch.

Darnach sollens auch wolgerahtene
Kinderlein sein / die den Eltern folgen / vnd
daran sie ehre erleben.Das ist nu beides gar
ein herrlicher segen an Kindern/wenn sie am
leibe gesund sind/ vnd wolgeraten.

Denn das ist noch ein schlechter segen/
Kinder haben / oder auch gleich viel Kinder
haben/wenn sie nicht auch gesund sind/ vnd
wolgeraten/ Dann Krancke/ Lame/ Ge-
brechliche

brechliche Kinder haben/die da Krüpel sind/
da man ein Kind sechs oder acht Jar kranck
ziehen mus / das machet Eltern noch eine
kleine frewde / Sie wolten lieber gar keine
Kinder haben / dann solche krancke Krüpel.
Darumb verheischt der heilige Geist hie
frommen Gottfürchtigen Eheleuten/gesun-
de/frische/gesegnete Kinder/die da Mensch-
en ehnlich sind / nach Gottes bilde gebildet.
Vnd solches weiset auch die tegliche erfa-
rung/ das armer frommer Leut Kinder bey
trockenem Brote/vnd einem trunck wassers
offt besser gedeien/ pläntzschichter vnd feister
werden / dann der Reichen vnd Gottlosen
bey guter Küchen vnd Keller. Das ist ein
segen / die Kinder der Gottfürchtigen sollen
auffwachsen wie die Beumlein / vnd fein
leibicht oder feist werden / wie der safft des
Ölebaums. Was hilfft es aber / wenn
Gott Eltern schon frische vnd gesunde Kinder bescheret/wenn sie nicht auch wol gerahten / Dann vngerahtene Kinder betrüben
offt die Eltern / das sie wündschen / das sie
dieselbigen entweder zu Krüpeln geschlagen/
oder im ersten bade gar erseuffet hetten. Darumb vorstehet der heilige Geist auch solche
gesegnete

gesegnete Kinder / die jre Eltern ehren vnd
erfrewen werden / vnd die jhre gesundheit
nicht vbel anlegen werden / die da andern
Leuten dienen vnd nütz sein werden / wie der
vorgehende Psalm anzeigt / das es vmb die
Gemeine wolstehet / die solche wolgerahtene
Kinder hat. Das ist nu die meinung dieser
worte / Wol dir du frommer Eheman / Gott
wil dir deine narung segenen. Er wil dir ein
tugentsames heußlich Weib vnd gesunde
vnd wolgeratene Kinder bescheren.

Wie reimet sich aber dazu / das gleichnis vom Oelbaume? Auffs aller feineste.
Dann damit werden gesunde vnd wolgerahtene Kinder fein lustig abgemalet. Das
des Oeles brauch vnd nutz ist mancherley /
Es lindert vnd heilet die wunden / vnd ist
sonst heilsam zu allerley Ertzneien. Vnd wie
man in der heiligen schrifft lieset / so hat man
vor zeiten dreierley salben draus gemacht /
Eine / damit die müden vnd krancken zuer-
frischen / Die andere / so man zur frewde gebraucht hat / Die dritte / damit im Alten
Testament die Könige vnd Priester gesalbet
würden.

Solches

Solches alles reimet sich gar feine auff
gesunde vnd wolgezogene Kinderlein. Das
solche Kinder sind jhren Eltern eine ergetzligkeit / vnd eine frewde in alle jhren Creutz
vnd widerwertigkeit / Wie Salomon inn
seinen Sprüchen sagt / Cap: 10. Ein weiser
Son ist seines Vaters frewde / Aber ein
törichter Son ist seiner Mutter gremen.
Item / Cap: 17. Wer einen Narren zeuget /
der hat gremen / vnd eines Narren Vater
hat keine frewde. Item / Cap: 29. Züchtige
deinen Son / so wird er dich ergetzen / vnd
wird deiner Seelen sanffte thun.

Diese vnd ander Sprüche der Schrifft
bezeugen / das Eltern an jhren wolgerahtenen Kindern ehre vnd frewde erleben sollen.
Ein solcher Oelzweig war der liebe Joseph
seinem alten Vater dem Jacob / der seinem
Vater nicht alleine ein grosse ehre war / sondern war jm ein trost vnd frewde in seinem
alter / vnd in der thewren zeit.

Von des Mantuani Vater schreibet
man / das er neun Söhne gehabet / die alle
Doctores gewesen.

Vom Marcello wird gerühmet / das er
drey Consules / vnd einen Prætorem zu
Rom

Rom zu Sönen gehabt / Das ist so viel als
itzundt vierdehalber Römischer Keyser.
Das möchte trawn einem Vater eine ehre
vnd frewde sein.

Dencket / was es für ein hertzleid ist den
Eltern / die vngerahtene Kinder haben / die
da sind jre Carcinomata, sindt Inutilæ
pondera terræ, die dem Teuffel sein Reich
helffen stercken / da erleben Eltern viel vnehre dran / vnd wehre besser / gar keine Kinder haben.

Dieweil auch der Oelezweig ein zeichen
des friedes ist / vnd Gott frommer Eltern
Kinder damit vergleichet / so verheisscht der
heilige Geist auch friedliche Kinder / die da
im Geistlichen Regiment sich für Zanck
vnd Rotten hütten / vnd dagegen den friede
zwischen Gott vnd Menschen verkündigen
werden / Wie dann Zacha : 4. Vnd Apoc:
11. die Prediger Filij oliuæ genennet werden.
Sic Angeli annunciant pacem, Esaias 52.
Quam speciosi pedes Euangelizantium
pacem, Et Christo præferuntur oleæ tanq̃
principi pacis.

Ja aus frommer Leute Kinder sollen
auch im Weltlichem Regiment friedliche
Regenten

Regenten herkommen / die nicht störfriede
vnd Pestes Patriæ sind / Sondern die da
friedlich regieren / vnd derer ein gantzes
Lande sich frewen werde.

Item solche Oelzweige sollens sein / die
da mit hader vnd vnfriede jre Eltern nicht
betrüben/ Sollen nicht haderkatzen sein / die
sich mit niemand vertragen können.

Das were nu auch gnug / wie das
gleichnis vom Oelzweige sich daher reime.

Was bedeut aber das wört-
lein/Vmb deinen tisch
her?

Es gehört auch noch zu dem segen/Nicht
alleine Kinder haben/sondern auch dieselben
daheim bey sich erziehen können / Nicht allein mit narung / sondern auch mit vnterweisung / das man die könne lehren vnd
aufferziehen in der zucht des HER-
REN.

Das ist fürwar ein jrrdisch Parades/
wenn ein Gottfürchtiger Vater seine Kinderlein bey sich an seinem Tische hat / vnd
mit denselbigen betet vnd GOtt lobet.
Kein

Kein lustiger leben ist/vnd das dem leben des
lieben Adams vom fall so ehnlich ist / als
eben dieses. Dann da Adam vnd Eua in
jhrer vnschuldt bestanden weren / so were
das jre grösseste lust gewesen/ das sie da vber
Tisch mit jhren Kindern von Göttlichen
dingen geredet hetten / Wie sie es auch ohne
zweiffel nach dem fall gethan haben. Zu
solchem brauch wil GOtt der Allmechtige
alle frome Haußuäter vormanen / da jhnen
Gott einen fruchtbarn Weinstock vnd schöne Oelzweiglein daneben bescheret hat/das
er als ein rechter Gertner derselben warte/
vnd auff Weib vnd Kind dermassen achtung gebe/ das sie vber Tisch vnd allenthalben von Göttlichen vnd nützlichen dingen
reden/ vnd also die Oelzweiglein aufferzo-
gen mögen werden/ das sie Gotte / vnd den
Menschen nütze / vnd jhren Eltern eine
frewde vnd ehre sein mögen. Man sol diese
beumlein beugen/weil sie noch jung sind/das
sie mögen gerade wachsen / sonst wenn sie
voraltern/ so werden sie schwerlich können
gebeuget werden.

Man hat vorzeiten den Oelbaum der
Göttin Minerua zugeeignet/welche ein
F. Göttin

Göttin der Weißheit / vnd des Studirens war / damit kluge vorstendige Leute ohne zweiffel haben wollen anzeigen/das man die Oelzweiglein von stund an / weil sie noch jung vnd klein weren zum studiren halten/ vnd in freien Künsten aufferziehen solte.

Solche gute zucht bringet entlich gute frücht / Vnd ein solcher Gertner kan darnach solcher Oelzweiglein geniessen/das sie jhme seine bekümmernis lindern / vnd jhme eine frewde machen / wenn andere Leute trawrig sind.

Item / vorzeiten war der Oelebaum auch in solchen ehren/das er zu keinem Heidnischen wercke durffte gebraucht werden. Also sollen wir der Oelzweiglein auch dermassen warnemen / das wir sie ja wieder mit vorgeblichen worten noch wercken ergern/ sintemal der HERR Christus auch solches selbes gar ernstlich vorbeut / Matth: 18. Vnd wenn wir auch die warheit sagen wollen / Wo her kömpt es anders das die jugent so gar vngezogen / vnd vngerahten ist / dann das es Eltern daheim an jhrer Tischzucht vnd Haußzucht mangeln lassen/ vnd das sie one schewe alles reden vnd thun,

D   was

was sie wollen / in gegenwertigkeit ihrer
Kinder / Da heist es dann. Wie die alten
sungen / also lernetens die jungen/ vnd werden nicht rechte Weinstöcke vnd Oelzweige/
sondern lautere Holtzböcke vnd Dornstrau-
che draus.

Letzlich aber wird mit dem wörtlein
Vmb deinen Tisch her / beschrieben vnnd
commendiret eine solche haußhaltung / wo
es zwischen Eltern vnd Kindern so fein
Christlich zugehet / da ist eine rechte hauß-
kirche vnd Tempel GOttes. Da hat ein
Mann ein erquickung in seinen geschefften.
Wenn er vom Rahthause/vom Felde / oder
von seinem gewirb kömpt / da hat er auch
daheim das jn belüstiget/Ein frömlich Weib
vnd wolgezogene Kinderlein / dauon wird
sein hertz erfrewet / vnd alle seine sorge ge-
lindert. Da hat er den schönen Weinstock/
vnd die lieblichen Oelezweigelein / dauon er
schatten hat in seiner manchfaltigen sorge
vnd bekümmernis.

Das sey heute von dem Oelzweiglein
gnug.

Der Allmechtige ewige Gott selber schaf-
er des heiligen Ehestandes wolle diesen
Breutgam

Breutigam vnd Braut ihme in seinen
schutz lassen befohlen sein. Wolle sie gnediglich segenen an jrer Narung / an Leib
vnd Seele / vnd wolte jhnen solche Oelzweiglein bescheren / Dauon sein Name geehret / alles gutes gefördert / vnd sie erfrewet
werden/Amen.

Die fünffte Pre-
digt vom Vierden
Verß.
Siehe also wird gesegnet der
Mann der den HErren fürchtet.

GEliebten im HErrn / Wir haben
bißher in diesem Psalm erkleret / die
manchfeltigen vorheischungen vnd
segen / des heiligen Ehestandes / welche der
heilige Geist allen frommen Eheleuten für-
helt zum troste wider das Creutze vnnd
trübsal/so sich im Ehestande offt findet/ vnd
wider die Epicurischen gedancken / da man
segen der Nahrung/ein frommes Weib vnd

wolgerahtene Kinder nicht Gotte / soerdem dem glück zuschreibet / als ob es one gesetz einem widerführe / dawider hat der heilige Geist auch gelehret / das alles sey Gottes gabe / die er den Gottfürchtigen wolle erzeigen.

Itzund folget gar ein herrlicher Verß in diesem Psalm / den man billich mit einem sonderlichen affect lesen vnd außreden soll darinnen er alle die schetze / die er bißher erzelet hat / kürtzlich fasset / vnd noch ein mal kennet / das solche schetze den Gottfürchtigen widerfahren sollen. Nemlich / sie sollen ihrer arbeit gedeien haben / Gott wil ihnen ein tugentsames heußliches Weib / vnd gesunde wolgerahtene Kinder bescheren / daran sie ire lust vnd frewde sehen / vnd ehre vnd ruhm an ihnen erleben sollen. Dis preiset der heilige Geist in diesem Verß. Sihe also wird gesegnet der Mann / der den HERREN fürchtet. Auff diese wörtlein wollet diß mal achtung geben.

Das erste wörtlein Ecce, sihe / erfordert ein sonders fleissiges auffmercken vnd bedencken derer dinge / die bißher gemeldet sind worden

worden/ Q. D. Sps. S. Gebt doch achtung
drauff was ich bißher vom Eheſtande gerühmet habe/ das ſag ich noch/ Es iſt war/
vnd ſol billich niemand daran zweiffeln.
Wo das wörtlein Ecce in der ſchrifft ſtehet/
hat es allezeit eine ſondere Emphaſin, krafft
vnd bedeutung/ Als Ecce virgo conci-
piet, Dadurch was ſonderlichs gemeiniglich bedeutet vnd angezeigt wird/ darauff
jederman groſſe achtung geben ſol. Die
Gelehrten nennen ſolche Sprüche Epi-
phonemata, Wenn man etwan einen feinen kurtzen ſententz ſetzet/ darinne man viel
ding begreiffet. Ein ſolchs Sprüchlein iſt
dieſes auch/ Darinne nicht alleine alles
repetiret wird/ was bißher erzelet worden/
ſondern damit er vns auch im glauben wil
ſtercken/das wir deſto weniger daran zweiffeln dürffen. Wir ſolten wol den zuſa-
gungen Gottes/ ſie belangen gleich die ewigen oder zeitlichen güter/ billich glauben
geben/ vnd gar nichtes daran zweiffen/
wenn nur ein wort dauon geſagt wird.
Aber da iſt vnſere ſchwachheit ſo gros/ das
wir offtmals zweiffeln/ da keines zweiffels
von nöten iſt. Weil aber Gott dem HER-
REN

DEN solche vnsere schwachheit wol betracht/
so dienet er vns allenthalben mit worten
vnd zeichen / das ja derselbigen schwachheit
möge geholffen vnd geraten werden / Dar
rumb pflegt er offt ein ding zwey oder drey
mal zu widerholen vnd fleissig einzubilden/
damit wir es ja behalten mögen.

Wie offte bildet der HERR Christus
seinen Jüngern ein den Artickel von seinem
Leiden / Sterben vnd Aufferstehung / etc.
Also geschicht auch hie in diesem Psalm/
Denn im anfange hat der Heilige Gott
dem Gottfürchtigen / der in Gottes wegen
wandelt/glücke vnd heil zeitlich vnd ewiglich
gewünschet vnd zugesaget. Darnach ist er
fort gefaren / vnd hat etliche species vnd
stücke solches glückes erzelet / als nemlich/
das gedeien zur arbeit vnd narung / Ein
frommes Ehliches gemahl/ gesunde vnd ehr
liche Kinder / das sind nicht geringe gaben.
Vnd wiewol er anfenglich zum theil erzelet
hat/ was der Gottfürchtige für glück vnd
heil haben sol/ vnd was solch sein glück sein
sol / So kömpt er gleichwol mit einem herr
lichen Epiphonemate noch ein mal / vnd
saget. Ecce sic. &c.

Im

Im newen Testament haben wir ein Ecce vñ ein Sic/ die betreffen vnser seligkeit/ Ecce agnus Dei, &c. Sic Deus dilexit mundum, &c. Hie haben wir solche zwey wörtlein auch von eusserlicher wolfart Ecce Sic, &c.

Was sol denn nun so gros sein?

Folget. Benedicetur. Der segen des Ehestandes sol so gros vnd herrlich sein/ Das ist/Gott wil bescheren ehrliche narung/ ein from/ fruchtbar/ züchtig Weib/ eignes heüslein/ gesunde vnd wolgezogne Kinder. Item wie folget. Eine gantze Stadt wird solcher leute geniessen / Wird lange leben/ Wird gemeinen friede fürdern/ das sind die höchsten gaben/ vnd zeitlicher segen. Vnd sölchs wird hie in ein wörtlein gefasset Benedicetur. Aus diesem wörtlein sollen E. L. erstlich dis lernen/ das die vorigen erzelte gaben vnd wolthaten nicht stehen in eines jeglichen Menschens willen/ oder das sie zu sälliger weise widerfaren / Sondern aus Göttlicher vorsehung werden sie frommen

D iiij   Eheleuten

Eheleuten gegeben. Ja es sollen nicht
schlechte wort vnd vorheissung Gottes sein/
Sondern es sol Gottes segen sein / damit
Gott selbst fromme Eheleute wil vor ehren.

Dann wenn es in eines jeden gefallen
vnd wilkür stünde / Reich oder arm zu sein/
ein heußlichs oder vnheußlichs Weib / ge-
rahtene oder vngerahtene Kinder zuhaben/
wer wolte nicht am liebsten zum besten theil
greiffen / Nu sehen wir aber / das es vielen
nicht wieder fehrt / sondern eben das wieder-
spiel darümb sinds freilich rechte Gottes
gaben / vnd segen / die Gott selbes bescheret
vnd austeilet / vnd die jhme selbes Niemand
erwelen oder geben kan / dann do stehet das
wörtlein Benedicetur. &c.

Ferner ist die wörtlein Benedicetur
ein schöner trost fur alle Eheleutlein/daraus
sie des gewis sind / das jhr standt für Gotte
angenehm vnd gesegnet ist / Dann wie
köndte das gewisser bezeuget werden / dann
eben domit weil jr gantzes leben heist Gottes
segen/ In summa / der Ehestandt ist der hei-
ligste orden/der alle andere stende vnd orden
in sich begreifft/ Es ist der rechte Benedicter
orden / welchen Gott hie selb's den namen
gibt

gibt Benedicetur. Dazu gehören nicht
fleischliche / sondern geistliche augen des
glaubens/die das jenige so offt im Eheſtande
sich widerwertiges findet / durch dieſe vor-
heiſchunge können vorſchlingen. Daū das
geſchicht offte/ das auch fromme Eheleutlein in armut kommen / vneins werden / in
vngedult geraßten / oder auch einen neide
wider ihre nachbarn gewinnen. Aber wie
ſol man ihm thun? In dieſem leben wirde
es nicht alles ſo reine ſein können / als hette
es eine Taube erleſen/Es werden Exceſſus
vnd defectus bißweilen mit vnderlauffen.
Aber dis alles ſollen eheleute vberwinden/
mit dem troſt/ das ſie wiſſen / Gott meine es
gut mit ihnen / Sie ſind im ſegen vnd nicht
im fluche.

Die Papiſten haben den Eheſtande
geſcholten vnd geleſtert / Als einen fleiſch-
lichen vnd vordampten ſtandt / dorinne
man Gotte nit dienen könte / Aber Gott
ſagt gerade das widerſpiel / Benedicetur.
Weme nu mehr zugleuben ſey / das dencke
ein jeder ſelbs. Dann ob er ſeine beſchwe-
rung auch mit ſich bringet / ſo hat er doch
den troſt. Das Got das Creutz wider wen-

D v   den/

den / vnd mit segen erscheinen wolle. Je stercker nu solcher glaube ist an die verheissung Gottes / Je lieblicher der Ehestand sein wird / vnd je frölicher man sein leben darinne wird zubringen können.

Das sage ich nu nicht alleine den Ehestand zu rühmen / Sondern das ein jeder des trostes sich in seiner widerwertigkeit erinnern müge / Ach du bist ja in einem stande der Gotte wolgefellet. Es mache es GOtt mit dir wie er wolle so weissestu / Er wird mit seinem segen kommen / dann solches hat er selbes zugesagt Ecce sic benedicetur homo.

Hiemit aber wollen wir nicht vrsach geben / die andern Stende zulestern / als den Jungfraw stand vnd Widwen stand / in dem wir den Ehstand so hoch preisen / das ir zur andern zeit höret / wie Gott auch die selbigen Stende jhme lesset gefallen. Sondern alhie redet der heilige Geist jnsonderheit von den gaben vnd segen / damit Gott den heiligen Ehstand / aus dem die andern alle entspringen / als sein Göttlichs geschöpff vnd ordnung zieret / begabt vnd segnet. Der
Gott

Gott ist reich von segen/vnd nicht wie Esau zu seinem Vater sagt. Nunquid vnam benedictionem habes pater? Sondern er ist reich legen alle denen die ihn anruffen.

Das sey gnug von dem wörtlein: Bene-dicetur. Was den Eheleuten widerfahren solle von Gotte/ Sie sollen gesegnet werden/ Gott wil mit seiner gnade bey jhnen sein.

Welchen Eheleuten gehöret dann dieses Benedicetur, oder/welche haben sich sölcher vor-heischung zu trösten?

Folget. Qui timent Dominum denen/ die Gott fürchten/ lieben vortrawen/loben/ vnd dancken/anruffen in jhren nöten/denen sollen diese vorheischung erfüllet werden/ denen wil Gott gnedig sein / Jr wesen vnd werck jhm gefallen lassen/ vnd was er jhnen erzeiget / sol eitel liebe/ gnade vnd güte sein/ vnd jhnen zum allerbesten gereichen.

Gleich

Gleich wie aber vnter frommen vnd
Gottfürchtigen Eheleuten auch bißweilen
Creutz vnd trübnis mit vnderleufft / vnd ist
nicht alleweg eitel Benedicter orden / sondern auch Carteuser vnd Barfüsser orden.
Also gibt auch Gott wol den Gottlosen zum
theil diese eusserliche gaben / Reichthumb /
Schöne / gehorsame vnd fruchtbare Weiber / auch hübsche schöne Kinder / wie der 144.
Psalm vermeldet / Das der Gottlosen Söhne auffwachssen in jhrer jugend / wie die
pflantzen / jhre Töchter sein wie die außge-
hawenen Ercker / gleich wie die Pallast. Wie
dann Gott der Allmechtige auch so gütig
ist / das er seine Sonne scheinen lest vber die
bösen vnd vber die frommen. Aber doch
entlich sollen solche gaben jhnen zum ergsten
gereichen. Vnd ob auch wol solche zeitliche
gaben den vngleubigen Heiden zur belohnung jhrer eusserlichen tugende / die sie eusserlich erzeigt / vnd dem gemeinen nutz damit
gedienet haben / widerfahren / so sein doch
solche gaben nicht Gottes segen gewesen /
weil die Personen Gotte nit gesellig waren
vnd steckten noch im fluche vnd Gottes
zorn. Aber den Gottfürchtigen vnd gleubigen

bigen sollens nicht blosse gaben / Sondern
Gottes segen sein / die inen an ihrer Seelen
seligkeit / nicht schedlich sein / Sondern zu
allem gutem gedeien söllen. Also können
wir nach dem eusserlichem wolgehen nie=
mand für selig rühmen / wie wir auch nach
dem eusserlichen vbelgehen niemand können
vordammen dann Gott sihet alleine auffs
hertze / Wenn ihme dis gefellig / so sol ein
Mensch auch eusserlich am Leibe vnd Gute/
an Weib vnd Kindern gesegnet werden.

Derhalben lieben freunde wil vns dieses
verß zum beschlus eben widerumb dieses
lehren / wie sich der Psalm damit hat ange=
fangen. Wol dem der den HERren
fürchtet etc. Also sagt er hie/ der den Her=
ren fürchtet sol sehr gesegnet werden. Gott
der Herr wil die Gottfürchtigen nicht ver=
lassen/ Sondern jnen glücks vnd heils auch
in dieser Welt die fülle vorschaffen / was
sie bedürffen.

Wie mancher sehet den Ehestand an/
der Gottes furcht nicht hat / Weis nicht
was der Stand ist / vnd warumb Gott der
Herr den selbigen hat eingesetzt. Da hat die
liebe

liebe bald ein ende/ Do wird man dem Manne de vnd Weibe feindt/ vnd erhebt sich darmit eine noth/ Das man sich reufft/ schmeist/ schlegt/ hasset vnd neidet/ bis der Teuffel seinen samen gar drunder sehet/ das sie von einander lauffen/ vnd gar zu Huren vnd Buben werden.

Sölche vnfelle müssen sich zutragen/ do man Gott nicht fürchtet/ Item wo man aus Gottes Worte nicht gelernet hat/ Was sölchs für ein Sandt/ oder wie angenem er Gotte sey. Also gehets bey den Gottfürchtigen nicht zu. Ob sich bey denen schone ein vnfal zutregt/ so wil doch Gott solchen vnfal mit andern gaben dermassen miltern/ das dennoch seine zusagung zeitlich vnd geistlich war bleiben sol. Das sey gnug von dem verßlein Sihe also wird gesegnet der man/ der den Herren fürchtet.

Gott wolle diesen Eheleuten seinen heiligen Geist vorleihen/ das sie jhn von hertzen fürchten/ jhn anruffen/ vnd vortrawen. vnd seines reichen segens an Leib vnd Seele/ an ehr vnd gute mügen theilhafftig werden. Amen.

Die

Die sechste Pre=
digt von fünfftem
Verß.

Der HERR wird dich segnen
aus Sion.

Eliebten im Herrn/Wir haben biß=
her aus diesem Psalm viel herrlicher
vorheischungen erkleret / die GOtt
allen frommen Gottfürchtigen zusagt zu
erzeigen/ Als/das er sie segnen wolle an ih=
rem Gut vnd narung mit einem tugent=
samen heußlichem Ehegemahl mit gesunden
vnd wolgerahtenen Kindern/ daran Eltern
ihre lust vnd frewde erleben sollen ; Sölchs
alles hat er mit dem verß widerholet. Ecce
sic benedicetur homo, qui timet Dominum. Itzund kommen wir auff die Wort
Benedicat tibi Dominus ex Sion. Darin=
ne der Heilige Geist allen Gottfürchtigen.
Eheleuten vorheischet/ anbeut vnd wünschet
den jenigen Geistlichen Segen / der do
betrifft ihrer Seelen Heil vnnd Seligkeit:
Vnd

Vnd do er bißher gelehret hat/Was frommen Eheleuten für glück bescheret ist in irem
haußregiment / So predigt er nu ferner/
Was sie für glück vnd segen zugewarten
haben von geistlichem vnd Weltlichem regiment. Vnd damit wirs nicht zu lang
machen / wollen wir dißmal nur diese wörtlein erkleren. Benedicat tibi Dominus ex
Sion. Der HERR wird dich segnen
aus Sion.

Vnd erstlichen müssen wir das wörtlein Sion vorstehen lernen / das ist sehr gebreuchlich in den schrifften der Propheten/
vnd bedeutet die Christlichen Kirchen / Darumb das sich zu Jerusalem auff dem berge
Sion die Predigt des heiligen Euangelij
hat angefangen. Dann zu Sion war die
hütten / hernach der Tempel dorinne die
Lade des bundes / dorüber der gnadenstul
vnd Cherubin war/dohin sich Gott verbun-
den/das er doselbs gefunden vnd angeruffen
solte werden do er auch wolte erhören.

Es musten auch zu Sion alle ordent-
liche opffer allein geschehen / Doher die
Propheten vnd Psalmen nennen Sion/
Gottes befestung / Maiestat / Herrligkeit/
ziere

zier vnd schmuck / vnd was sonst die Propheten diesem berge Sion mehr für herrlich-
en Namen zulegen. Darumb heisset Sion
hie nicht schlecht der Berg zu Jerusalem/
Dorauff die Burck Salomonis gebawet
ist / welchen heutiges tages die Sarracenen
vnd Türcken bewonen / des wir vns wenig
zu trösten hetten. Sondern es bedeutet Per
Sinecdochen die wonung des volcks Gottes / vnd wo die heilige Christliche Kirche
heutigs tages ist/do mag derselbige ort Sion
genennet werden/wie dann Esa : 2. Prophe-
ceiet wird / Das aus Sion die Predigt des
Euangelij von der gnaden vnsers HErren
Jhesu Christi außgehen / vnd in die gantze
Welt außgebrettet werden solte. Wie dann
solchs leibhafftig in vnserm lieben HErren
JHEsu Christo ist erfüllet worden/ der zu
Sion im Tempel gelehret / sein Heiliges
Abendmal gehalten / Sein sünopffer daselbs vorbracht / vnd nach seiner aufferstehung seinen Jüngern sich daselbst lebendig
erzeigt/vnd befohlen doselbst anzufahen/vnd
in aller Welt zupredigen/ busse vnd vorge-
bung der Sünden in seinem Namen.

C Wenn

Wenn nu die Propheten von der hülffe
aus Sion/Als Psal: 14. oder von den segen
aus Sion / wie hie / reden / so haben sie auff
den künfftigen Messiam gesehen / der in
solchen opffern vnd GOttes diensten zu
Sion fürgebildet war / von welchen sie die
vorheissung gehabt / das in vnd durch ihn
alle Völcker sollen gesegnet werden / Wie
dem Abraham/Isaac vnd Jacob zugesagt
war worden. Also begreifft das wörtlein
Sion den HERRN Christum mit allen
seinem vordienst/gnaden/gaben vnd gütern
die er vns vordienet hat / Denn Er ist der
rechte gnaden stuel / Die lade des bundes/
vnd das einige Opffer / welches durch die
Opffer / durch das propiciatorium vnd
Arcam foederis zu Sion ist bedeutet worden
In dem sind alle vorheischung GOttes
gewis vnd Amen / bey dem wil sich GOtt
alleine finden vnd antreffen lassen/ vnd das
gebet so auff in gegründet ist/ erhören.

So heist nu der segen aus Sion seiner
Seelen seligkeit halben /mit GOtte wol
dran sein/ do Gottes fluch vnd alles arges
mus weichen / vnnd mus dem frommen
Gotfürchtigen nicht schaden/ Es mus nicht

mehr

mehr zorn vnd vngnade / sondern eitel Barmhertzigkeit vnd gnade sein / da kan die sünde nicht vordammen / Die Helle keine stadt haben / auch der Teuffel nicht so mechtig sein / das er köndte schaden / Sondern eitel gerechtigkeit / seligkeit vnd ewiges leben aldo scheinen.

Sölchen segen wündschet vnd vorheischet der heilige Geist frommen Eheleuten / Vnd wie köndte er ihnen ein herrlicher geschenck thun auff ihre hochzeit? Denn das Christus der HERR zu Cana Braut vnd Breutigam mit Weine gesegnet vnd vorehret hat / Das ist auch eine herrliche vorehrunge / so ist doch der segen aus Sion viel herrlicher vnd grösser / viel köstlicher denn alles Gold / Perlen / vnd Edle Gesteine / ia auch besser denn alle Reichthumb der gantzen Welt / alle Königreich / Keyserthumb etc. welchs alles vorgenglich ist.

Dieser segen ist vnuorgenglich / vnd erstrecket sich ins Ewige leben. Vnd wie die Jüden / wenn sie beteten sich kegen Sion vnd Jerusalem wendeten / also wenden wir vns in vnser anruffung zu diesem wahren gnadenstul vnserm HErrn Jhesu Christo /

E ij   iij

in dem die fülle der Gottheit Leibhafftig
wohnet / vnd der alleine der ist / vmb des willen wir gnade zuerwarten / in welches namen wir künlich zu Gotte schreien / vnd seiner hülffe vngezweiffelt begeren söllen. Der=
halben wir auch alle vnsere gebet mit dem
wörtlein beschliessen / per Christum Dominum nostrum. Das heist nu gesegnet
werden aus Sion / was könde für herrlicher
vorehrung auff eine Hochzeit geschenckt
werden.

Höret aber nu ferner von wenne dieser
segen herkomme / wer der außteiler ist dieses
segens / das saget der Prophet: Dominus,
vnd stehet das wörtlein ex Syon dabey /
Welches nicht allein auff das Benedicat,
Sondern auch auff das Dominus kan
gedeutet werden / das also die meinung sey:
Der Herr aus Sion wolle dich seg
nen aus Sion. Denn es ist in der heiligen Schrifft sehr gebreuchlich / das der
HErr Christus der König von Sion genennet wird / das ist der Titel / welchen Gott
der Himlische Vater seinem lieben Sohne
an sein Königliche Kron hat machen lassen /
Das

Das er ein König zu Sion sein solle/wie der
ander Psalm sagt: Ego autem constitu=
tus sum Rex super Syon montem san=
ctum suum &c. Dergleichen nennet ihn
Zacha: 9. Iubila filia Sion, quia ecce Rex
tuus venit.

Psal: 110. Virgam Virtutis suæ emit=
tet Dominus ex Sion,

Esa: 59. Veniet ex Sion qui liberet.
Diese zeugnis alle nennen Christum einen
König von Syon. Darümb da der Psalm
hie den Herren von Sion nennet / das der
solle segenen / wil er zuuorstehen geben / das
wir den Ewigen segen nicht erlangen kön=
nen durch vnsere wirdigkeit / Sondern er
mus vns vom HERren Christo / der ein
Hertzog des Lebens / vnd außteiler alles
Himlischen segens ist/ geschencket vnd gege=
ben werden. Der ist von Gotte dem Vater
zum Könige vnd lehrer verordnet vber den
berg Sion/vber die Christliche Kirche/Auff
den söllen Eheleut sehen / der ist Freyer vnd
Brautführer / der trawet vnd Copuliret sie
zusammen/ zu dem betet Abrahams knecht/
die Freyet geht glücklichen fort / der ist der
Engel der einem ein frommes Weib erstret=

E iij   tet.

eet: Der beleitet den Jungen Tobiam / vnd
hilfft / das seine Freyet wol geret. Der Herr
von Sion ist aller Gottfürchtigen Eheleut
Hochzeitgast / wie er ist zu Cana auff der
Hochzeit gegenwertig; vnd beweiset seine
gegenwertigkeit mit einem ehrlichen Ge-
schencke. Also wil der heilige Geist mit dem
namen / da er Christum nennet den Herren
von Sion alle Eheleutlein vormanen / das
sie ja den Hochzeitgast nicht aussen lassen
oder vorgessen söllen / Wo der nicht geladen
wird / so wird der segen aus Sion aussen
bleiben. Wird der geladen / so wird er mit
seinen leiblichen vnd Geistlichen segen erscheinen / Sonst wirds hinden vnd forne
felen / da wird keine gute Ehe nimmermehr
draus werden / Wer nu glück vñ heil haben /
eine gute Ehe besitzen wil / der dencke fürnemlich auff den Herren aus Sion / das er
des ja nicht vergesse / dann er ists vnd sonst
kein ander / durch welchen wir vom ewigen
fluch erlöset / vnd des ewigen Himlischen
segens teilhafftig werden. Ja durch welchen
wir auch in allen eusserlichen leiblichen nöthen zu Gott dem Himlischen Vater mit
vnserm Gebete einen frölichen zutrit haben.
Vnd

Vnd weil wir den Herrn von Sion bey
vns haben / so werden vns andere Herren/
die jhme vnd vns feind sind / wol zu frieden
lassen müssen/Lasset vns nicht ehe auffhören
auff diesen Herren von Sion vnser ver-
trawen vnd zuuersicht zu setzen / Dann bis
wir sehen / das er von seinem Schlos ge-
stürtzt vnd verjaget ist / das wird nimmermehr in Ewigkeit geschehen. Drumb söllen
wir auch nicht auffhören auff jhn vns zu
verlassen. Dis bedencket bey dem wörtlein
Dominus ex Sion. Von weme oder durch
wen wir allerley leiblichs vnd Geistlichs
segens haben zugewarten / vnd bey wehme
wir sölches suchen söllen / der HERR aus
Sion wil segnen/ bey dem mus mans allein
suchen/ durch ein gleubiges gebete.

Daher sihet Sanct Paulus Ephes: 1.
Qui benedixit uos omni benedictione
Spirituali in cœlestibus Christo. Da setzt
er zweierley segen:leiblich vnd Geistlich/vnd
saget / beides kompt her von GOtt / durch
diesen Herren von Sion / den HERREN
Christum. Hæc de distributore benedictionis Sionicæ. Furs dritte stehet auch in
diesem sprüchlein ein wort / Wer sich denn

des HErren von Sion / vnd seines segens
habe zu trösten / Benedicat tibi. Do müssen
wir die principalem propositionem mercken / Qui timent Dominum sunt beati.
Auff solche leute sihet der heilige Geist mit
dem wörtlein TIBI, dich wil der Herr aus
Sion segnen / der du Gottfürchtig vnd
from bist / wie S. Paulus auch saget Gala:
3. Qui sunt ex fide benedicuntur cum
fideli Abraham. Die des glaubens sind /
werden gesegnet mit dem gleubigen Abraham.

Weil denn Gott der Herr seinen segen
in vorigen zeiten den Gotfürchtigen Jüden
aus Sion gegeben hat / so wil er noch heutiges tages denen / so in Sion ihn nicht an-
beten vnd ehren / Das ist / die in die Christliche Kirche / durch Sion bedeutet / nicht gehören / sölchen segen entzihen / vnd alleine die
Gottfürchtigen damit begaben. Derhalben
wol von nöten ist / das wir vns in der rechten
Kirchen / vnd bey dem hauffen / da Gottes
Wort vnuorfelscht gepredigt / die Sacrament laut der einsatzung Christi gereichet /
vnd Gott im Geist vnd in der warheit an-
gebetet vnd geehret wirdt / finden lassen /
Dann

Dann so ferne wir darinne sein / wird vns
Gottes segen leiblich vnd Geistlich ange-
hen / Sindt wir aber nicht in Sion/so werden wir an stadt des segens / zeitliches vnd
Ewiges fluches mässen gewertig sein.

Das ist aber sonderlich tröstlich / das
einem jeden insonderheit diese vorheischung
geschicht / Applicirt vnd zugeeignet werden
sol/vnd nicht allein in gemein anzusehen.
Sondern ein jeglicher sol sich des annemen/
da er saget/ Er segne dich. Das wort erfordert einen besondern eignen vnd specia-
lem fidem, das ein jeder in seinem hertzen
schliessen kan / Ja auch mir ist dieser segen
gesprochen. Vnd wie der Herr von Sion
sonst sagt zum Gichtbrüchtigen Confide
fili, remittuntur tibi peccata tua, Sey ge-
trost mein Son / dir sind deine sünde vor-
geben.

Durch solchen eigenen glauben mus ein
jeder jhme die Göttlichen vorheischungen
appliciren vnd zueigenen / denn one solchen
eigenen glauben sind die vorheischungen
niemands nütze / Derhalben tröste sich des
ein jeder/ der im Ehestand ist / Gott wird

dich auß Sion segenen / Damit wil
Gott anzeigen / das allerley Creutz vnge-
mach vnd beschwerung so da fürfallen/
Eheleutlein nicht schedlich sein söllen / Sondern sie sollen des gewiß sein / das sie einen
gnedigen Gott haben / durch Jesum Christum vnsern Herren/ der sie für das zeitliche
Creutz mit ewiger vnaußsprechlicher frewde
segenen wil. Diß alles bringet der segen
auß Sion mit sich.

Wir wollen itzund neben dem heiligen
Geiste diesen beyden Personen auch solchen
segen von Sion wündschen. Gott vnd
der Vater vnsers HERRN JHesu
Christi wolle mit ihnen sein / sie zusammen
vorfügen / vnd seinen segen vber sie nach
seiner gnedigen vorheischung reichlich auß-
schütten. Durch denselbigen seinen lieben
Son/den König von Sion Jhesum Christum vnsern Herren/ Amen.

Die Siebende

Predigt von denen
Worten.

Das

Das du ſeheſt das glück Jeru-
ſalem dein lebenlang.

Gliebten im HERRN/ Wir haben dieſen Pſalm in etlichen Hochzeit Predigten erkleret / vnd ſchier
zum ende bracht / daraus E. L. vernommen / wie man ſich in Eheſtandt begeben/
vnd wie man darinne leben ſolle. Timere
Deum, Ambulare in vijs Domini, &
Laborare. Darnach was GOTT
ſolchen Eheleuten vorheiſchet / Narung
frommes Weib / Kindt vnd allerley zeitliche wolfart / Dann wo man den HErrn
Chriſtum auff die Hochzeit ledt / da bringt
er ſolche geſchenck vnd gaben mit ſich.

Letzlich hat auch der heilige Dauid be-
ſchreiben wollen / was für glück vnd ſegen
andere leut/ vmb frommer vnd Gottfürchtiger Ehdeut willen haben ſollen.

Nu haben wir in der nechſten Predigt er-
kleret/was da heiſſe/ der Herr wird dich ſegnen aus Sion/da haben E.L. ſollt mercken/
was

was da heisse segnen / glück / heil vnd alle
wolfart geben. Jte/Was da heisse der segen
aus Sion / Nemlich alle das jenige/was zu
Geistlicher wolfart vnd der Seelen seligkeit
dienstlich ist /als/einen gnedigen Gott hab/
Mit Gotte wol dran sein/etc. Zum dritten/
von weme solcher segen herkomme / vom
HERRN aus Sion / Denn alles glück
vnd gedeien Leiblich vnd Geistlich wird von
Gott gegeben/durch Christum·

Letzlich habt jr söllen behalten / Wenn
denn solcher segen / gegeben vnd vorheischen
wird / Nemlich dem Gottfürchtigē welchen
der Psalm nennet/Tibi, darein ein jeder sich
sölle schliessen / vnd für seine Person von
Gotte des segens gewarten.

Jtzund wollen wir hören/was ferner der
heilige Geist Gottfürchtigen Eheleuten
wünschet/da mus man vorstehen das wörtlein / der Herr wolt dir geben / das du sehest
das glück der Stadt Jerusalem/ dein lebenlang.

In diesen worten sagt der heilig Geist
dem Gottfürchtigen zu/ Er sölle nicht alleine vor seine Person / vnd für sein Weib vnd
Kinder gesegnet werden / sondern er solle
auch

auch das glück sehen / der ganßen Stadt
Jerusalem / Er solle auch erleben/ das es
vmb Jerusalem wolstehe.

Was da heissen Bona Ierusalem, oder
was dazu gehöre/ das es vmb eine Stadt
wolstehe / das erzelet der Prophet Dauid
Psalmo 147.149. Als nemlich/ Pax in poli-
tea, gute Regenten/ guter Rath/glück vnd
Sieg wider die feinde. Denn das Jüdische
Reich hat trefflich glück gehabt / Ist am
lengsten gestanden / vnd am allerwünder-
lichsten erhalten worden / wie Dauid erma-
net / das die Jüden sölch glück erkennen
wolten Lauda Ierusalem Dominum. &c.

Höret aber / worinne sölch glück stehe.
Nemlich / wenn Gott in einem Lande oder
Stadt sein liebes Wort lest vnuorfelschet
Predigen/ vnd wo dasselbige angenommen/
gegleubt / vnd ins werck gebracht wird/ Da
ist das höchste glück / das einem Lande oder
Stadt mag wiederfahren / Denn do erkennet man Gott / da fürchtet vnd vertrawet
man jhme / man sihets mit der that / vnd
wercke beweisen/ das keine gleißnerey dabey
ist. Vnd ob wol auch in solcher gemeine
viel Gottlose sind / so dringen dennoch die
fromen

frommen dazu/das ein Gottfürchtigs Hertz seine lust daran sehen mus / vnd kan einem Gottfürchtigen auch gewis nichts besser gefallen / denn wenn das Wort auff die Cantzel kompt / vnd recht mit vieler Leut nutz getrieben wird/ da frewt sich ein Gottfürchtigs Hertz / das es vor frewden springen möchte/ Es lobet vnd dancket GOTT dafür. Daher auch S. Paulus one zweyfel gebeut Coloß : 3. Das sie das Wort Christi / als das höchste vnd fürnembste glück/ Reichlich vnter sich wolten wohnen lassen in aller weißheit. Sölch glück einer Stadt vnd eines Landes sol ein Gottfürchtiger Eheman erstlich sehen.

Wo denn also GOTtes Wort in ein Landt oder Stadt kompt / vnd dermassen wechst vnd zunimpt / Da folget denn auch ein Regiment vnd Policey/daran jederman einen guten gefallen haben mus. Denn die Regenten/Nach dem sie aus Gottes Worte/was jr Ampt fordere vnd mit sich bringet hören vnd teglich lernen / handhaben vnd schützen sie / mit höchstem fleis die eusserliche gerechtigkeit/straffen die vngehorsam/
vortedigen

vertedigen die frommen / vnd schickt sich
allenthalben dermassen in ir Regiment/das
sie für iren feinden frey sein / vnd in guter
ruhe vnd gutem fride sitzen mügen/ Wie sie
können den Edelsten Schatz. den lieben friede erhalten/die frommen Eheleut Witwen
vnd Wäisen schützen etc. O wie stehet es
so wol vmb eine solche Stadt/denn wie die
Kirche daselbs teglich zu nimpt / in Geistlichen gaben / also nimbt auch das Weltliche Regiment zu in eusserlicher gerechtigkeit vnd Erbarkeit/ das zwar ein solch Land
oder Stadt / da Gottes Wort dermassen
im schwang gehet / vnd Weltlich Regiment
also grünet / billich ein glückseliges Land
oder glückselige Stadt / Ja auch wol ein
Irdisch Paradeis mag genennet werden.

In solchem glück beide des Geistlichen
vnnd Weltlichen Regiments ist gesessen
das Jüdische Volck vnter dem frommen
Könige Ezechia, der ein sehr Gottfürchtiger Mann war / vnnd auch dem Propheten Esaix / der ihn Lehrete vnnd vn-
terweisete / Folgete vnnd Gehorchte.

N ij

Desgleichen seind sie in sölchem glück geseßen vnder dem frommen Könige Josia/ derselbige / weil er Gottes Wort mit sonderm ernste förderte / vnd im eusserlichen Regiment treffliche ordnung hielte / so hat er den ruhm bekommen / das Syrach im 49. Capitel von jme saget: Der name Josias ist wie ein Edel reuchwerck aus der Apotecken / Er ist süsse wie honig im Munde / vnd wie ein Seitenspiel bey dem Weine.

Solch glück nu / das GOTtes Wort erhalten werde / das das Regiment wolbestellet / glück vnd friede im Lande sey / sol ein Gottfürchtiger / der auff GOTtes wegen wandelt / mit lust sehen / Auff das er Ja gewahr werde / das die Gottseligkeit zu allen dingen nütze/vnd das sie vorheischung dieses vnd des künfftigen Lebens habe.

So sollet jr nu erstlich mercken/was das gröste glück einer Stadt oder Landes ist/ Gottes Wort reichlich haben/ vnder dem Schutz Weltlicher Obrigkeit in friede sitzen vñ seiner Narung mit ruhe warten können.

Solch glück beut hie an vnd vorheische der heilige Geist frommen Eheleuten. Denn
wo

wo das glück nicht ist / do stehet es auch nicht wol vmbs Hausregiment.

Was hülfft es ein from Weib / schöne Kinderlein / vnd eine gute Narung haben/ Wenn in der Kirche nicht rechte Lehre/ vnd in der Policey nicht gut Regiment ist. Wo Krieg vnd vnfriede ist / do ist dem viel wehr zu mutte/der viel hat/den der gar nichts hat. Qui pauper est, nihil timet, nihil potest perdere. Drumb ist das nicht ein geringer wunsch / den der heillge Geist alhie thut/ Gottfürchtige Eheleut sollen das glück der Stadt Jherusalem sehen / ir leben lang. Haußregiment ohne das glück des Geistlichen vnd Weltlichen Regiments ist gar ein arm elend ding.

Denn do haben die armen gewissen keinen rechten trost in Todes nöthen. Wo aber Gottes Wort in friede vnd ruhe lauter vnd reine gepredigt wird/vnd die Hochwirdigen Sacrament nach Christi einsetzung außgeteilet / vnd gereicht werden / Was könde da grössers vnd Höhers zu wünschen sein / Denn da ist die Lehre/ vnd weg/die ins Ewige Leben führet / Da ist krefftiger trost in allen nöthen. Selig sind die Augen die

F   solches

solches sehen / vnd selig ist der Bürger der
mit Weib vnd Kinde aldo wonen kan.

Frage manchen Reichen Man im
Lande zu Behmen / was er neben seinen
grossen gute für frewde vnd trost seines
gewissens habe / so wird er sagen / Er wolle
lieber ein wenig haben / vnd solchs glück der
Stadt Jerusalem sehen / denn viel besitzen/
vnd dieses glücks darben. Derwegen können wirs Gotte nimmermehr vordancken/
das wir dis glück Jerusalem in denen Landen / vnd in dieser Stad auch haben / Das
andere das wir bedürffen / wird Gott auch
bescheren. Fürs andere/ so haben Eheleute
alhie zu lernen / das sie fromme Haußveter
vnd Haußmütter sein sollen / die jre Kinder
fein in Gottes furcht auffziehen sollen/
damit das glück der Stadt Jerusalem durch
sie gefürdert werden müge / Das ist / das
solche Leute mügen aus jnen werden / die da
einer Stadt im Geistlichen oder Weltlichen Regiment vorstehen konnen / Denn
aus dem Haußregiment vnd Ehestande
müssen Kirchen / Schulen / Rahtsheuser/
Empter vnd anders bestellet werden. Wo
man nu in der Jugent die kinder nicht zum

,guten

guten zeuhet vnd gewehnet / da wird nicht
das glück / sondern vnglück einer Gemeine
daraus gefürdert werden / wie man offte
Carcinomata parentum, vnd pestes pa=
triæ findet. Vnd kan manchmal durch ein
vngerahten kind einem Lande oder Stadt
gar gros vnglück zugefüget werden / Das
kompt offte daher / das Eltern one Gottes
furcht Leben / Sich selten oder gar nicht zu
Gottes Worte vnd seinen Sacramenten
halten/Diese/weil sie für jhre Person Gott=
los sein / so sind sie nicht werd das sie das
glück Jerusalem sehen sollen/Sie helffens
auch mit jhrer Kinderzucht nicht fürdern/
Sondern so viel an jhnen ist / helffen sie es
dempffen vnd hindern.

Darumb solten nu Eheleut wol zusehen/
das sie mit danckbarkeit das glück Jheru=
salem gebrauchten / vnd jre Kinder also
aufferzügen/ Damit sie heut oder Morgen
im Geistlichen oder Weltlichem Regiment
solches glück hülffen fürdern vnd erhalten.
Gottlose Eltern werden selten fromme
Kinder auffziehen.

Zum letzten ist dis auch sonderlich hiebey
wol zu mercken / das der Allmechtige Gott

F 4   vmb

vmb frommer Gottfürchtiger Eheleut
willen / damit sie getröstet / geschützt/
vnd gehandthabt werden / Stedte / Lande/
Leute / Fürstenthůmb vnd Königreich segnen wil / das auch die andern solcher gaben
sollen geniessen. Denn sind nicht in Jherusalem / in so einer grossen Stadt offtmals
viel böse gewesen? So haben dieselben
gleichwol offtmals der Gottfürchtigen vnd
frommen genossen / das Gott mit seinem
zorn an sich gehalten / vnd die verdiente
straffe nicht so balde vber sie geschickt hat/
Vnd dieser segen ist ein gemeiner segen/
der doch vmb der Gottfürchtigen willen
alleine gegeben wird.

Dauon hat man viel herrlicher sprüche
vnd exempel der schrifft / als Prouerb: 11.
Durch den segen der frommen wird eine
Stadt erhaben/Aber durch den Mund der
Gottlosen wird sie zubrochen. Prouerb: 29.
Die spötter bringen frechlich eine Stadt in
vnglück / aber die Weisen stillen den zorn.
Spötter nennet die schrifft vorechter Got-
ees vnd seines Wortes/ Weisen nennet sie
die Gottfürchtigen. Solche weißheit ist
besser in einer Stadt denn Harnisch / im
Ecclesiaste

Ecclesiaste am 9. Capittel. Exempel. Jeremias war für der Welt ein elender Man noch gab er dem König Zedechiæ einen solchen Raht/ Wenn er jhme gefolget hette/ so were die Stadt Jerusalem nicht zuschleiffet worden. Item. So lieset man von Micha: 1. Reg: 22. Der gab Achab einen Raht/ hette er jhme gefolget/ so were er nicht vmb Leib vnd Leben kommen. Aber dauon zur andern zeit.

Syrach. 16. Ein frommer Man kan einer Stadt auffhelffen/ aber wenn der Gottlosen gleich viel ist/ wird sie doch durch sie verwüstet. Sonderlich aber gehöret hieher das gespräch Gottes mit Abraham Gen: 18. Weil der ein Gottfürchtiger Eheman war/ der seine kinder recht aufferziehen würde/ so kündte jhme Gott nichts verbergen. Vnd kompt Gott so weit mit jhm zu reden/ das er vmb zehen gerechter willen Sodom vnd der andern Stedte wolte verschonen/wenn die drinne gefunden würden.

Wiewol es nu ein schrecklich ding ist/ das in so grossen Stedten nicht zehen gerechte sein sollen/ so folget aber gleichwol

daraus/

daraus/ das Gott vmb Zehen weniger oder
mehr gerechten willen ein gantz Land oder
Stadt segenet/ vnd sie derselbigen geniessen
lest. Also saget auch der Heilige Geist in
diesem Psalm dem Gottfürchtigen zu/
Er solle nicht alleine vor seine Person/ vnd
vor sein Weib vnd Kinder gesegnet werden/
Sondern ander leute sollen seiner auch geniessen. Darumb wol zu wünschen were/
das viel frommer Gottfürchtiger Eheleut
weren / so würdens Lande vnd Leute deste
mehr geniessen. Was ists aber wunder/
weil allenthalben vnzucht vnd Büberey
also in schwang gehet / das auch allerley
fluch vber vns kompt/ vnd Gott seinen segen
verkürtzet. Wie jhr sehet/ das GOTT die
Könige des Abrahams vnd Jsaacs Weiber halben hefftig straffet / denn Er hatte
jhnen vorheischen / Er wolte segnen / die sie
segneten/ vnd guts theten/ vnd die verfluchen
vnd straffen / die jhnen fluchen / vnd arges
beweisen würden. Des solten sich Gottfürchtige Eheleut trösten / die andern sollen
dafür erschrecken / vnd sich bessern / vnd be-
dencken/ wie eine Stad vnd Gemeine frommer Gottfürchtiger Eheleut bey GOTT

sol

ſol genieſſen / alſo ſol mann auch der böſen
Gottloſen / vnzüchtigen Eheleut bey Gotte
wider entgelten.

Wir bitten Gott den Allmechtigen Er
wolle dieſen Breutigam vnd Braut auch
ſegnen / das ſie das glück der Stadt Jeru-
ſalem ſehen vnd alſo in Gottes furchten
wandeln mügen / auff das ſie vnd andere neben ihnen des zeitlichen
ſegens Gottes müg̅ genieſſen
A M E N.

Die Achte Pre-
digt vber den Sech-
sten Verß.

**Vnd sehest deiner Kinder Kin-
der/ Friede vber Israel.**

WIR seind nu entlich kommen bis
auff den beschlus vnd letzten wort
dieses Psalms/da der heilige Geist
frommen Eheleutlein zweierley Herrlicher
vorheischung noch thut / Nemlich sie sollen
jhre Kindskinder sehen / vnd sollen friede
vber Israel erleben. Das seind treflicher
herrlicher zwo vorheischungen / welche wir
dißmal bey diesen Christlichen Kirchgang
kürtzlich erkleren wollen.

In denen wörtlein Et videas filios
filiorum taorum da begreiffet der heilige
Geist drey feine stück / die frommen Gottfürchtigen Eheleuten von Gotte sollen widerfahren vnd erzeiget werden / Nemlich
zum Ersten / Langes Leben / oder ein ehrlich
Alter/

Alter / zum Andern / das sie in jhrem Alter
jhre lust vnd frewde an jhren Kindern vnd
Kindskindern sehen söllen / zum Dritten/
das sie jhre Kinder vor jhrem Tode außsetz=
en / vnd denselbigen zu ehren helffen söllen/
denn wouon wolten sie sonst jhre Kinds=
kinder sehen/wenn sie dieselbigen nicht zuuor
außgestattet hetten.

Was köndte nu einem lieblichers auff
dieser Welt widerfahren denn diese ding/
die der heilig Geist hie mit so wenig wörtlein
begreiffet / Ein frommer Gottfürchtiger
Eheman sol seine Kindskinder sehen.

Denn erstlich ist es je eine sondere gabe
Gottes/vnd ein feiner thewrer schatz / lange
leben / wie die heilige schrifft offt solchs vor=
heischet / als eine sondere gabe vnd wolthat
Gottes/ wie jhr wisset / das Gott im vierden
gebot sölchs frommen gehorsamen Kindern
zur sondern anreitzung vnd belohnung für
stellet / Vt bene sit tibi & sis longæuus
super terram, Auff das dirs wolgehe / vnd
lange lebest auff Erden. Es ist auch vmb
langes leben eine sölche gabe GOttes/dar=
nach wir vns Natürlicher weise gemeinig=

lich alle sehnen / vnd wolte niemand gerne/
in seiner Jugend von dieser Welt scheiden.

Vber dis so ist das liebe Alter stets bey
vernünfftigen leuten in ehren gehalten wor=
den / wie solches GOtt nicht allein geboten
hat zu thun Coram cano capite consurge.
Leuit: 10. Sondern vernünfftige Heiden
habens für eine grosse schande geachtet / wo
Alten leuten von jungen nicht sondere Reuerentz vnd ehrerbiettung ist erzeigt worden/
wie Juuinalis sagt/ Credebant hoc gran-
de nefas, & morte piandum, Si iuuenis
vetulo non assurrexerat. &c.

Also stimmet Gottes Wort vnd die
Natur hierinne vber ein / das sie ein langes
Leben vnd ehrlichs Alter lassen einen grossen Schatz vnd gnade sein / vnd wollens
von menniglich geehret haben.

Es redet aber der Heilige Geist von
einem ehrlichen geruhliche Alter / wie Moses/
Socrates vnd andere gehabt haben / do
man seine vernunfft hat / vnd weder am
Leibe noch am Gute etwas mangelt/ Denn
sonst ist zwar das Alter an sich selbs ein
elend gebrechlich ding/da die leute gar wider
zu

zu Kindern werden/vnd offte in jrem Alter
grossen gebruch leiden/auch wol betteln gehen müssen. Dieses elendes wil Gott fromme Gottfürchtige Eheleute vberheben / wie
wir dennoch sehen/ das die jenigen/so in jrer
Jugent zu GOttes Worte sich gehalten/
vnd jhres beruffes trewlich gewartet haben/
gemeiniglich in jrem Alter jhr außkommen
haben/ Die andern so in der Jugent Gottlos vnd durchlessig gewesen / müssen gemeiniglich im Alter mit betteln sich ernehren.
GOTT lesset auch derselbigen viel dahin
Sterben / ehe denn sie zur helffte eines zim-
lichen Alters kommen / Wer nu gedenckt
dieser herrlichen vorheischung theilhafftig
zu werden / ein ehrlichs alter zu erlangen/
vnd sein außkommen zu haben/ der fleissige
sich Vt timeat Dominum, & ambulet
in vijs eius. Das er den HERRN fürchte/
vnd auff seinen wegen gehe. Das ist das
erste aus diesem wörtlein Vt videas filios
filiorum tuorum. Ein fein frölich vnnd
geruhig alter.

Dieweil aber das Liebe Alter / wie
geruhig auch es sein mag/ allerley beschwerung vnnd gebrechligkeit mit sich bringet/
so

so verheischt alda der heilige Geist etwas
mehr/ damit Gottfürchtige Eheleut in jrem
Alter von GOtte sollen erfrewet werden:
Sie sollen ihre Kindeskinder sehen. Solches
ist eine grosse gabe/ welche die lieben Ertz-
väter jhren Kindern/ wenn sie die in Ehestandt geben / wünscheten als Tobiæ 9.
Benedictio super Vvorem tuam, & super Parentes vestros, & videatis filios
vestros, & filios filiorum vestrorum.

Gesegnet sey dein Weib vnd deine
Eltern/ vnd GOtt gebe/ das jr sehet ewere
Kinder vnd Kindskinder bis ins dritte vnd
vierde geschlecht/ ꝛc. Es ist auch vielen sölcher wunsch war worden/ das sie mit frewden jhre Kinder bis ins dritte vnd vierde
glied gesehen haben/ wie dem lieben Isaac
vnd Jacob solchs wiederfahren ist. Das ist
als denn Alten Leuten eine sondere frewde
vnd ergetzligkeit in jhrem Alter/ Kinder vnd
Kindskinder sind Alten Eltern vnd gros
Eltern als ein stecken oder stütz / daran sie
sich halten/ Wie Salamon Prouerb: 17.
seine saget/ der Eltern Krone sind Kindes-
kinder/ vnd der Kinder ehre sind jhre Veter.
Sehet

Sehet/ wie der liebe Jacob mit des Josephs Kindern dem Ephraim vnd Manasse in seinem Alter so eine hertzliche frewde hat. Gene : 49. Vnd dis ist natürlich / das Großeltern jhre Kindeskinder viel lieber haben/denn jhre eigene Kinder/denn die liebe sincket vnder sich / vnd je weiter sie sich auff Kindskinder erstrecket/je grösser sie wird.

Wie das aber sölcher segen nicht allen Eheleuten wiederfehret? Antwort/ wiewol Kinder vnd Kindskinder eine herrliche Gottes gabe sind / vnd werden in gemein dem heiligen Ehestande vorheischen / jedoch wird sölche gabe auch etlichen nicht gegeben/ vnd ist dieses die vrsach / Kinder gehören vnder die zeitlichen gaben/ die GOTT der Allmechtige seines gefallens außspendet/ nach dem er erkennet / das es einem nützlich oder schedlich ist / Manchem gibt er keine/ der hette sie gerne/ Aber dis vortrawen sollen Eheleute zu Gott haben / das er nach seinem Göttlichen weisesten rathe erkennet/ was den seinigen nütze oder schedlichen ist/ Darumb er auch die heiligen Patriarchen offte lange mit dieser gabe auffgezogen/ auch wol gar ohne Erben hat bleiben lassen/

Etlichen

Etliche lest er die kindlein bald wider sterben/
das sie nicht vorführet mügen werden. Wie
sich nu solches zutregt/ sol mans GOTtes
gnedigen willen vnd wolgefallen heimstell.
Derhalben da Gott frommen Gottfürchtigen Eheleutlein kinder vnd Kindeskinder
vorheischt/sollen wir nit die drumb balde für
Gottlos oder verflucht achten/denen solcher
segen nicht wiederfehret / denn promissio
pertinet ad genus Vitæ non ad singulas
personas?

Die nu solcher gaben von Gotte bege-
ren/ mügen sich Gottfürchtig halten/ welchen es Gott vorsaget/ mügens mit gedult
tragen / vnd jhnen Gottes guten gnedigen
willen gefallen lassen.

Das dritte so der heilige Geist alhie vor-
heischt/mit dem wörtlein/Das du sehest
deiner kinder kinder / ist dieses. Das
ein frommer Gottfürchtiger Eheman erleben sol / das seine kinder zu ehren kommen/
vnd das er sie für seinem Tode sol auffsetzen.
Das las auch nicht eine geringe
zusage sein / die der heilige Geist allhie thut/
Denn

Denn was kan Eltern für grösser hertzleidt widerfahren / denn wenn jhre kinder jhnen etwan eine schande zufüge / oder jhrer ehren nicht erwarten können / schlagen aus dem geschirre / Darüber hermen sich Eltern / so sie anders ehre lieb haben / wol zu Tode / wie sichs wol hie zugetragen hat.

Wider solch elendt Tröstet der heilige Geist fromme Gottfürchtige Eheleute / vnd sagt / Sie sollen ehre an jhren kindern erleben / vnd mit ehren jhre Kindskinder sehen.

Das nu Gott bißweilen vber fromme Eheleute solchs Creutz vorhengt / das sie an Söhnen oder Töchtern schande erfahren müssen / wie es dem lieben Jacob auch geschahe / müssen wir dahin stellen / das vielleicht Eltern solchs vorschuldet haben / oder das GOTT mit solchem Creutz sie wil Probiren / wie denn keine vorheischung Gottes von zeitlichen dingen so gewis ist / die nicht exceptionem crucis bey sich selben kündte.

Derwegen wo sich solcher vnfal etwan zutregt / das kinder jhrer ehre nicht erwarten / vnd

vnd Eltern damit betrüben/ söllen wir nicht balde den heiligen Geist darumb rechtfertigen oder lügen straffen.

Vber dis sehen wir das dieses frommer Eltern gröste sorge ist / wie sie für ihrem Tode ihre Kinder außstaten / vnd ihnen zu ehren helffen mügen / wenn sie dis gethan haben / sind sie fro/vnd sterben desto lieber.

Wenn einer aber kleine Waißlein vnd vnmündige Kinderlein hinder ihm lassen sol / die noch vnuorsorget sein/so kom pt ihn das sterben etwas desto schwerer an / Nu sagt aber der heilige Geist frommen Gottfürchtigen Eheleuten zu / Sie sollen ihre Kindskinder sehen/ Daraus mus je folgen/ das sie ihre Kinder außgestatet haben.

Wer nu dieser wolthat auch wil theilhafftig werden/ der halte sich nach dem anfange dieses Psalm/sey Gottfürchtig/wandele erbarlich / vnd nehre sich seines beruffs treulich/so sol er Gotte in diesem vnd andern an ihme warhafftig befinden. Das sey von den wörtlein Dabit tibi Dominus, aut benedicet tibi, Vt videas filios filiorum tuorum: Was für trost frommer Eheleutlein darinne begriffen wirt.

Das

Das letzte wörtlein in diesem Psalm/
heißt Friede vber Israel.

Mit dem wörtlein / friede / schüttet der
heilige Geist vollendt aus / vnd begreiffet
alle zeitliche vnd Ewige wolfahrt / derer er
in vorgehenden worte nicht möchte gedacht
haben. Denn die Jüden begreiffen mit dem
wörtlein Scholam alle zeitliche vnd Ewige wolfahrt/ vnd was ein Mensch dem andern guts wünschen kan / Darumb sie in
ihren Salutationibus, Wenn sie einander
grüssen nur dieses wörtlein brauchen/Scho-
lam lecha. 1. pax tibi. Wie auch der Herr
Christus seine Jünger solchen grus lehret/
Matth: 10. Wenn ihr in ein Haus kōmet/
so saget / Pax huic domui, vnd als er von
Todten aufferstehet/saget er: Pax vobis.
Eben auff diese weise grüsset der heilige
Geist alhie alle fromme Eheleutlein mit
dem wörtlein des friedes / vnd wünschet ihnen beyde innerlichen vnd eusserlichen/
Geistlichen vnd Weltlichen friede.

Was Geistlicher vnd innerlicher friede
für eine grosse wolthat ist / weis niemandt/
denn alleine die jenigen / so durch den glauben an Christum seind gerechtfertiget / diese

G   wissen

wissen/das sie für Gottes Gericht vnd zorn
sich nicht mehr fürchten dürffen/vnd das sie
mit Gotte wol dran seind / haben ein ruh-
same gewissen. Das ist die höchste wolthat.

Was es vmb eusserlichen Weltfriede
für eine grosse gabe Gottes ist / Wissen die
am besten / die Krieg erfahren vnd erdulder
haben/die sagen/ Friede sey das Paradeis/
vnd vnfriede ist die Helle/ Das auch friede
mit keinem Gelde noch gute kan bezalet
werden / vnd wenn einer zwo Küe hette/so
solte er eine geben / Das er der andern mit
friede geniessen kondte.

Nulla salus bello pacem te poscimus
omnes.

Silent inter arma leges. Da ist stelen
preis / vnd hat Zucht vnd Tugent ein ende.
Es werden viel arme Widwen vnd weisen/
derwegen ist nach GOTtes Worte keine
grössere wolthat/denn Weltlicher Landfrie-
de / etc.

Vmb den lieben Haußfriede ists auch eine
solche edle gabe / das geringe gut darunter
wechst/wie Salustius sagt:Concordia par=
uæ res crescūt,discordia maximæ dilabūt.
Da werden Kinder recht erzogen/da nimpt
Mann

Mann vnd Weib miteinander fürwillen/
Da gibt Gott gedeien vnd Segen zu allem
fürnemen / vnd ist freilich nechst nach Gottes Worte vnd leiblicher gesundheit im Ehestande nichtes höhers zuwünschen / dann
friede vnd einigkeit / Was aus zanck vnd
zwitracht / aus vnfried vnd vneinigkeit
zwischen Ehleuten entspringet/ das erfaren
wir leider alzu offte.

Nu begreifft aber der heilige Geist solchs
alles/was im Geistlichen/ Weltlichen / vnd
Haußregiment für gutes aus friede vnd
einigkeit erfolget/vnd wünschet solches allen
frommen Ehleuten.

Wollen wir nu friede in vnserm gewissen / friede im Lande / vnd friede in vnserm
hause haben / so müssen wir des heiligen
Geistes rahte folgen/ der vns im ersten verß
dieses Psalms gelehret hat / wir sollen Gott
fürchten / auff seinen wegen wandeln / vnd
vnsers beruffs trewlich warten. Werde wir
aber in vnserm sündlichen Gottlosen leben
beharren / vns mit betrug vnd bösen stücken
nehren wollen/ so werde wir hernach ein vn-
ruhig gewissen/vñ Gottes zorn auff vns lade / darauff krieg vnd verwüstung im Lande

G ij   vnd

vnd allerley zerrüttungen vnserer Haußhaltung wird folgen.

Also haben wir nu bißher dem heiligen Eheſtand zu ehren dieſen Pſalm außgelegt/ daraus E. L. vernommen / wie man den Ehſtand ſolle anfahen / Nemlich mit Gottes furcht / vnd dem lieben Gebete. Zum andern / wie man darinne ſich halten ſolle/ auff Gottes wegen wandeln / das iſt / nach Gottes geboten ſich richten / vnd in ſeinem beruff emſig vnd fleiſſig ſein. Zum dritten/ was ſolche Eheleute von GOtte dagegen haben zugewarten / nemlich Gottes ſegen vnd gedeien zu ihrer arbeit/ein ehrlich Gottſelig fruchtbar Weib / geſunde/ehrliche/ fromme gehorſame Kinder / glück vnd ſegen im gantzen Lande vnd Stadt / luſt vnnd frewde an Kindern vnd Kindeskindern/friede mit GOtt / vnd eine ruhſame narung / da man Gotte recht dienen kan.

Solches alles wünſchen wir von hertzen/ neben dem heiligen Geiſte dieſen vnd allen andern Ehleuten / vnd zweiffeln nicht/ Gott wirds ihnen widerfahren laſſen/da ſie Gottfürchtig

fürchtig sein / vnd auff seinen wegen wandeln werden. Zu solcher GOTtes furcht/
Christlichem leben vnd wandel/helffe ihnen
vnd vns allen/ Gott der Vater vmb seines
lieben Sohnes JHESV Christi
willen/ durch die krafft des heiligen Geistes Amen.

Ende des 128. Psalm.

Die DEFINI-
TION oder Beschreibung
des heiligen Ehestandes
sampt andern schönen
Historien/gefasset in
etliche Hochzeit
Predigten.

Durch.

M. Philippum
Wagner Churfürstlichen
Sechsischen Hofepre-
diger.

Der Eheſtand iſt eine
zuſammenfügung / eines
Mannes vñ eines Weibes
durch Gottes Wort / nach
beyder vorwilligung / das
ſie erbarlich vnd freundlich
beyſammen wonen / bis in
Todt / Sünde zu meiden /
vnd früchte zubringen.

Die Erste Predigt von dem wörtlein/

Zusammenfügung.
GENESIS II.

Derhalben wird ein Mensch seinen Vater vnd Mutter verlassen vnd an seinem Weibe hangen/etc.

Proæmium.

Lieben Freunde/ Dieweil wir jetzund Gotte dem Allmechtigen zu lobe/ dem heiligen Ehestande/vnd auch Braut vnd Breutigam zu ehren beyeinander vorsamlet sind/ vns aus Gottes Worte des heiligen Ehestandes zuerinnern. So dancken wir erstlich GOtte dem Vater vnsers lieben Herren

Herren Jhesu Christi / sampt seinem lieben
Sohne vnd heiligen Geiste/das er nach gehaltenem rahte im Paradeis dem Adam
seine Euam geschaffen / zugeführet / vnd
seinen segen darüber gesprochen hat / Vnd
das er bis auff heutigen tag wider der alten
Schlangen gifft vber solcher seiner ordnüg
gnediglich gehalten / vnd samlet jhme durch
das band der Ehe eine Kirche aus dem
Menschlichen geschlechte / die jn an stad der
gefallenen Himlischen Geister ewiglich sol
loben vnd preisen.

Wir bitten auch dieselbige heilige Drei-
faltigkeit / sie wolle diesem Breutigam vnd
Braut/ auch zu jhrem fürhabenden Ehestande mit jhrem Göttlichen segen gnediglich erscheinen / das sie in fried vnd einigkeit
beysammen leben / vnd aus jhrer liebe erkennen mögen / die liebe jhres Breutigams des
Herren Jhesu Christi / mögen sich derselbigen trösten vnd frewen hie zeitlich vnd dorte
Ewiglich / etc.

Geliebten im Herren/ Wiewol wir bißher bey ehrlichen Christlichen Kirchgengen
dem heiligen Ehestande zu ehren / auch
Braut vnd Breutigam zur lehr vnd trost/

G v   so

so viel aus Gottes Worte gehandelt haben/
das wir solcher Lehr/ Trost/ vnd vermah=
nunge schier vberdrus worden sind. Jedoch
weil wir teglich sehen vnd erfahren/ wie bey
dem hellen liechte des heiligen Euangelij der
leidige Teuffel nur desto mehr wider den
heiligen Ehestand wütet/ denselben lestert/
schmehet vnd trennet/ auch durch vneinig=
keit der leute bißweilen sehr vertunckelt vnd
verunehret.

So wil vns als trewen Wechter
Gottes gebüren/ wider solche list vnd gifft
des Teuffels zu wachen/ vnd alle die jenigen
so im Ehestande albereit sind/ oder sich noch
darein zubegeben in willens/ aus GOttes
worte zu warnen/ zu trösten/ vñ zuuormanen.

Vnd nach dem bißher fast alle die Le=
ctiones aus der heiligen schrifft erkleret sind
worden/ so vom heiligen Ehestande mögen
gefunden werden. So haben wir beschlossen
forthin in etlichen Hochzeit predigten die
Definition oder beschreibung des heiligen
Ehestandes zuerkleren/ vnd das jenige mit
darein zu bringen/ was wir befinden wer=
den/ das vnsern Pfarrkindern vom Ehe=
stande zu wissen von nöten sein möchte.
Dann

Dann was ist doch billicher/denn das ein jeder wisse/ was es für ein Orden oder stand sey vmb den Ehestandt/ darein er sich entweder begeben hat/ oder noch begeben möchte/ Das aber wird man fein gründlich berichtet werden/ wenn man jhme die Definition des Ehestandes recht wird einbilden/ Dann die begreifft solches alles fein ordentlich. Nu haben wir aber nirgend in der heiligen schrifft beysammen/ eine solche ausgedrückte beschreibung des Ehestandes/ daraus wir seine eigenschafft gentzlich erkennen könten/ sondern wir müssen aus der schrifft solche zusammen lesen/ vnd in eine gewisse ordnung bringen/ so wird es dann fein daraus erscheinen/ wofür wir diesen Standt halten/ wie wir darinne leben/ vnd wozu wir fürnemlich denselben anfahen sollen.

Wer nu wissen wil/ was die heilige schrifft den Ehestand nennet/ der mag heute diese beschreibung mercken. Der Ehestandt ist eine zusammenfügung/ eines Mannes vnd eines Weibes/

durch

durch Gottes Wort / nach beider vorwilligung / die freundlich vnd erbarlich beyeinander wohnen sollen/bis inn Todt/Sünde zu meiden vnd früchte zubringen.

Heute wollen wir bey diesem ehrlichen Kirchgange nur die wörtlein erkleren / da wir den Ehestand eine zusammenfügunge oder vorbündnis nennen. Da wollen wir erstlich anzeigen / wo dis wörtlein inn der schrifft vom Ehestande stehet. Item / was solches für eine zusammenfügung sey / vnd was Eheleutlein für lehre vnd trost aus diesem einigen wörtlein mercken sollen.

Woher kan man das erste wörtlein in der Definition des Ehestandes beweisen / das er heist Coniunctio, eine zusammenfügung?

Antwort. Wir könnens aus dem Alten vnd Newen Testament beweisen / da erstlich Gott der Herr den Ehestand eingesetzt hat / vnd da sein lieber Sohn Jhesus Christus

Christus Matth: 19. denselbe von falschem brauche der Jüden gereiniget / vnd wider zu rechte bracht hat. Dann als Gott aus der Rieben des Adams ein Weib erbawete / führete er ihme dieselbige zu / gab sie ihme an die Hand / verbant vnd verknüpffte die beyde kegeneinander / dz gleich wie sie eines fleisches vnd Beines waren / also solten sie auch hinfort im Ehestande eines sinnes / eines gemütes vnd willens sein / als die zusammen gehöreten / vnd von Gotte zusammen vortrawet weren / wie denn Adam von seinem Ehestande eine Prophecey machte vber alle Eheleutlein: Es wird ein Mann seinen Vater vnd Mutter verlassen / vnd an seinem Weibe hangen / etc. Q. D. Gott hat mich vnd meine Euam so nahe zusammen vorfüget vnd geknüpffet / das wir aneinander hangen / vnd wird vnter allen Eheleuten ein solchs vorbündnis auch sein.

Aus den Worten des Herrn Christi / Matth: 19. scheinet dis etwas deutlicher / da er saget. Quos DEVS coniunxit homo non separet.

Da nennet er je deutlich den Ehestand eine zusammenfügung / die von GOtte geschickt /

geſchicht/vnd die ſo feſte ſol ſein/das ſich kein
Menſch vnterſtehen ſoll / dieſelbige zutren-
nen oder auffzulöſen. Alſo können E. L. ſe-
hen/ woher die wörtlein genommen iſt/ da
wir den Eheſtandt eine zuſammenfügung
nennen.

Was aber dieſes für ein hartes vñ
bündnis iſt/ vnd wie harte zwey Eheleutlein
zuſammen vorknüpfft vnd gefüget werden/
zeigen vns die wörtlein beider erwenter
ſprüche an/da Adam ſagt / Vir adhærebit
uxori ſuæ, Da ſtehet im Hebreiſchen das
wörtlein Dobak das heiſt Conglutinare,
aneinander leimen. Da ein Tiſcher zwey
bret zuſammen füget/ vnd aneinander leimet / ſo ſcheinet es nichts anders/ Als ob es
nur ein bret were/ Alſo ſagt Adam / Wo
Gott der Herr zwo perſonen zum Eheſtan=
de zuſammen vorordnet / ſo vorknüpfft er
vnd vorbindet ſie ſo nahe zuſammen/ das
ſie mehr einem dann zweyen Menſchen
ehnlich ſein ſollen/ vnd die ſo veſte beyſamen
halten ſollen/ als ob es zwo Seelen/vnd ein
Leib wehre. S. Paulus brauchet dieſer
Metaphora auch κολλώμενος, &c.

Da

Da aber der HErr Chriſtus den Eheſtand eine zuſammenfügung Gottes nennet / da brauchet er eines andern gleichnis. Was Gott συνεζευξεν &c. Vnd nimpt das gleichnis von zweyen Ochſſen / die an ein joch zuſammen geſpannet ſind / die müſſen beyſamen bleiben, vnd das joch zugleich tragen / Da aber vngleiche gattung zuſamen geſpannet wird/da gehet das fuhrwerck vbel fort / wie man ſaget. Diſparibus bobus nunq̃ trahitur bene curras, &c. Alſo ſagt Chriſtus / werden zwey Eheleutlein auch zuſammen durch Gottes Wort verfüget/ vorknüpfft/verbunden vnd geſpannet / das ſie ein joch miteinander tragen / vnd was ihnen Gott aufflegt / miteinander hinaus führen mögen / ſie können ſich ſelbs nicht von ſolchem joch erledigen / ſie müſſen der zeit erwarten/bis Gott ſie aufflöſet/vnd von dem joch entbindet. Hæc ad declaratio: nem vocabuli Coniunctionis dicta ſint, vbi reperiatur, & quid ſignificet.

Höret aber lieben Freuude / Wie Eheleutlein dieſes Wörtlein Zuſammenfügung: ſollen anſehen / oder was

ſie

sie doch für Lehre vnd für Trost drauß mercken sollen. Wolte GOtt / das viel leute in
jhrem Ehestande dis wörtlein teglich be-
trachteten / es würde zu allerley gutem gereichen. Dann erstlich würden fromme
Christliche Eheleute aus dem wörtlein fein
bedencken / was jr stand für ein herrliches
nahes vnd festes heiliges vorbündnis werel
vnd wie nahe sie einander vorwant weren.

Es ist zwischen Eltern vnd Kindern/
zwischen Brüdern vnd Schwestern gar
eine nahe freundschafft vnd natürliches
vorbündnis / dann sie sind eines geblütes/
Aber das ist viel eine nehere freundschafft
zwischen Mann vnd Weibe / von welcher
man sagt / Mann vnd Weib sind zwo
Seelen vnd ein Leib / wie die erste Schöpffung des Weibs im heutigen text anzeigt/
vnd Adam solchs bekrefftiget / da er sagt:
Erunt duo in carne vna. Pytagoras
beschreibet die rechte freundschafft / Quod
sit vna anima duorum corporum, Eine
Seele zweyer Leiber / Aber diese freundschafft ist Vnum corpus duarum anima-
rum, Ein Leib zweyer Seelen/dann zweyer Menschen Leiber dermassen gegen ein-
anander

ander verbunden so nahe / als ob sie ein
Mensch weren. In quo vinculo alter con-
iugum alteri semetipsum debet.

Wenn grosse Herrn wollen die aller
bestendigsten vorbündnis miteinander anrichten / so thun sie solches durch das vorbündnis des Ehestandes/das sie zusammen
sich befreunden / aber es weret bißweilen so
lang es kan. Wo aber zwey Eheleutlein ordentlicher weise mit beyder lust vnd vorwilligung zusammen vorbunden werden/ das ist
ein solchs vorbündnis/das die hertz zusammen vorknüpfft / das eins ohne das ander
nicht wol sein noch bleiben kan / Ja da offt
das hertz einem sagt/wenn es dem andern vber
etlich meilweges vbel gehet. Derwegen sollen
Eheleut die wörtlein bedencken/ das sie zusammen gefüget sind/nicht von Menschen/
sondern von Gotte / vnd sollen solcher zusammenfügung sich hertzlich trösten / es
gehe ihnen in ihrem Ehestande wie es wolle.

Aber da haben Eltern auch drauff zu-
sehen / das aus solcher zusammenfügung
nicht ein zusammen nötigen werde/ da man
etwan Kinder zu denen Personen zwingen
wil / darzu sie nicht lust noch liebe haben.

H   Dann

Dann gleich wie vnter denen Menschen die bestendigste freundschafft wird/die einerley natur vnd eigentschafft an sich haben / also ist dis gar eine vnbestendige freundschaft t/ die nicht Animorum communis voluntas, sed parentum autoritas machet. Quoniam vitæ & studij dissimilitudo non patitur hominum voluntates conglutinari. Manchsmal sehen Eltern mehr auff gros geschlechte / gut/ehre/vnd anders dann auff das hertz vnd willen derer personen? die zusammen sollen vortrawet werden / da wird eine zusammenfügung/das man offt Gott dancket der sie von einander wider scheidet vnd trennet/ Aber dauon zur andern zeit.

Wir predigen jtzund fürnemlich Eheleuten/das sie dis wörtlein beherzigen sollen/ das jr Ehestand heist eine zusammenfügung Gottes / das sol sie nicht alleine trösten/ das sie also von Gotte einander bescheret/ vnd zusammen vortrawet sind / sondern es sol sie auch zu friede vnd einigkeit in jhrem Ehestande vormanen. Dann warumb wolten sie doch mit vnfriede vnd vneinigkeit die band zureissen/ das Gott selbs zwischen jhnen gemachet hat/ Oder warumb wollen sie

sie doch die Joch durch vneinigkeit von sich
schieben / vnd eine das andere darunter stecken lassen / da sie doch zugleich darunter
zusammen gefüget sind?

Dis haben one zweiffel Gelehrte vnd
Weise Leute wollen anzeigen / da sie getichtet haben / wie Tauben den wagen der Veneris ziehen / wo man im Ehestande friedsam vnd einig ist/ wie die Turteltäublein / da
gehets feine fort. Vnd hat Gott selbs one
zweiffel zu solcher einigkeit vormanen wöllen/
da er im alten Testament geboten hat den
wöchnerin / das sie jhme ein pahr Turteltauben oder junge Tauben haben opffern
müssen / wie dann diese Thierlein sonderlich
von einfalt vnd eintrechtigkeit gerhümet
werden.

Item / wo man im Ehestande die wörtlein bedencken wird / das Gott Mann vnd
Weib zusammen gefüget hat / so wird eins
dem andern bißweilen können vorsehen
vnd vorhören. Es wird der Mann nicht
stets im hause so grimmig vnd wütend sein
wie ein Lewe / so wird das Weib nit stets
schelten vnd fluchen / wie eine Xantippa/
Sondern sie werden bedencken müssen/

das sie die jenigen sind / die einander von GOTT E bescheret sind / vnd wird eins dë andern etwas können zu gute halten/ welchs nicht geschehen wird/da man gedencket / man sey one gefehr also zusammen kommen / oder gibt dem Teuffel die schuld/ der solche zusammenfügung zuwege gebracht habe.

Item wo Mann vnd Weib dieses wörlein bedencken / das jhr Ehestand eine zusammenfügunge Gottes sey / da wirds gewis geschehen / das eins mit des andern vnglück vnd widerwertigkeit wird ein hertzlichs mitleiden haben / es wird eins das andere in trübsal nicht verlassen können / sondern wo solche zusammenfügung im hertzen recht ist/da wird eins vber des andern Creutz grösser bekümmernis haben / denn wenn es jn selbs betreffe / wie wir dann vnter rechten Eheleuten sehë/vnd viel Historien bezeugen.

Man schreibet von den Vogeln Halciones genemt / das dis verbündnis der Ehe so veste bey ihnen gehalten werde / das wenn eines stirbet/so herme sich das andere darüber/das es auch sterbe. Pontanus schreibt eine feine Histori/das etliche Schiffreuber einem

einem Pawern sein Weib gefangen auffs
Schiff genommen/ vnd mit sich hinweg ge=
furt haben/ da dis jr Mann gesehen/ ist er
von einem hohen Felsen herab ins Meer
gesprungen/ vñ gebeten/ sie wolten in doch zu
gleich mit sich nemen. Vber dieser liebe ha=
ben sich die Reuber verwundert/ vnd solche
als balde dem Könige zu Thunies angezei=
get/welcher ob er wol ein vnchrist war/ ver=
wunderte er sich dennoch solcher liebe/ vnd
hat vmb solcher tugent willen beide Mann
vnd Weib zu wechtern vber seinen leib ver=
ordnet. Wo mag doch solche liebe herkom=
men. Aus dem zusammenfügen/ da die her=
tzen zusammen gleich als geleimet sind / vnd
eines one das andere nicht wol bleiben kan.

Also lesen wir ein trefflich Exempel/
was solche zusamenfügung thue/ von dem
Gemahl eines Fürsten aus Beyern/ Guel=
phus genent/ da der von Keyser Conrado
zu Winsberg belagert/ vnd die Stadt oder
Schlos eröbert ward/muste sich der vngnad
vnd straff des Keysers besorgen/da trat sein
Gemahl mit andern Weibern derer vom
Adel für den Keyser/ vnd baten/ Er wolte
doch jhnen das leben fristen/vnd vergönnen/

H iij   das

das sie nur so viel von allem jhren gute mit
sich nemen möchten / als eine jede tragen
könde/da jhnen solches vorgünstiget wurde/
nam ein jede jhren Mann auff den Rücken/
vnd trug jn dauon/etc.

Was mag die vrsache sein/das sie nicht
Gold vnd Silber/ sondern jhre Ehemenner
getragen haben? Antwort / Jr hertz weiset
jhnen wol die zusammenfügung / etc.

Herodotus schreibet eine feine Histori
von den Weibern der Minyarum / dann
als aus demselben geschlecht alle Menner/
der an der zal bey Dreissig waren von den
Spartanern von wegen des vordachts vnd
argwons/als hetten sie nach dem Reich gestanden / vnd das an sich bringen wollen/
ins gefengnis geworffen waren/vnd jetzt nur
das vrteil vber sie gefellet war / das sie die
folgende nacht / wie bey den Spartanern
der brauch war / peinlich solten gerichtet
werden/haben jhre Weiber/welche auch von
den Edelsten Geschlechtern waren/von den
Wechtern so viel erlanget / das sie zur letzt
noch ein mal mit jhnen wie sie vorgaben/
reden haben mögen. Als sie aber ins gefengnis kommen/haben sie jhre Kleider jhren
Mennern

Mennern angezogen / vnd sie der Menner
Kleider angethan / vnd also die Menner an
jhren angesichten / als vor grossem trawren
vnd hertzenleid / vorhüllet / von sich gehen
lassen / vnd haben also jhre eigene Leib vnd
leben / damit allein jhre Menner dauon ke=
men vnd lebendig blieben / in die gefahr vnd
straff / die jhre Menner hetten leiden sollen /
dargesatzt / vnd auff die Fleischbanck ge=
opffert.

Also köndten Eheleute aus solcher jhrer
hertzlichen zusammenfügung eine tegliche
erinerung haben der hertzlichen zuneigung /
so vnser lieber Breutigam Jhesus Chri=
stus gegen vns getragen / da jn seine grosse
liebe gezwungen hat / an vnsere stad zukom=
men / vnd vnser elend auff sich zu nemen /
sich selwer Göttlichen ehre vnd herrligkeit
eine zeitlang zu eussern / vnd vns zu erretten /
Mit welchem wir auch in vngetheilten /
gütern sitzen / von welchem wir beschützet /
ernehret / vnd versorget werden / wie Eheliche
trewe vnd liebe einem Eheman des erinnert.

Sehet / wie viel gutes daraus nur erfol=
get / wenn man bedencket / was der Ehestand
für eine zusammenuorfügung ist / vnd wie

H iij   nahe

nahe Eheleute einander vorwandt sind.
Aber wie solche zusammenfügung in der
Eheleutlein hertzen von GOTte erwecket
wird / also suchet der Teuffel dis band zu
trennen / vnd aus der Eheleutlein hertzen
zu reissen.

Daher entstehen vnter Eheleuten so
mancherley zanck vnd vneinigkeiten/Daher
kömpts / das manchs mit dem andern kein
mitleiden haben kan / das eine dem andern
sein Creutz nicht lindert/ sondern selbs meh-
ret/ Ja bey vielen bringts der Teuffel dahin/
das sie nicht bey der Ehelichen zusammenfügung bleiben/sondern andere zusammenfügung suchen / sich vordechtig halten / an
andere lose leute sich hengen / da machet der
Teuffel eine andere zusammenfügung / das
Gott stifftet / vnd aus einem fleisch / zwey
wieder die ordnung Gottes.

Derhalben lernet euch für dem Teuffel
hüten/vnd der Prophecey des lieben Adams
folgen / das ob auch Eltern selbs solche zusammenfügung wolten an ihren Kindern
hindern/da dennoch Kinder mehr ihren Ehegenossen dann ihren Eltern anzuhangen
schüldig.

Wir

Wir bitten Gott den Almechtigen / er
wolte solche zusammenfügung bey allen
Eheleutlein stet vnd feste erhalten / in dem
hertzen dieser beyder Personen / als Braut
vnd Breutigam, gnediglich stifften / für
dem Teuffel bewaren / vnd erhalten / das sie
in friede vnd einigkeit beysammen leben /
das joch vnsers lieben Gottes / gedültig tragen / vnd jhren lieben Breutigam Jesum
Christum in jrem Ehestand erkennen /
vnd ewig preisen mögen.
A M E N.

H v Dit

Die Ander Predigt von dem wörtlein

Eines Mannes vnd eines Weibes.

MATH: XIX.

Jhesus sprach zu den Phariseern: Habt ir nicht gelesen / das der im anfang den Menschen gemacht hat / der machet das EIN MAN vnd VVEIB sein solte / etc.

GEliebten im HERrn / wir haben vnlangst für vns genommen die Definition vnd beschreibung des heiligen Ehestandes bey den Christlichen Kirchgengen zu erkleren / damit Eheleut wüsten in waserley Stand sie sich begeben / warumb sie darein tretten / vnd wie sie sich darinne kegen einander / halten sollen : Diesebige beschreibung haben wir also gestellet.

Der

Der Ehestand ist ein zusammenfügung eines Mannes vnd eines
Weibes / durch GOttes Wort / mit
beyder vorwilligung / etc. In solcher
beschreibung des Ehestandes haben wir das
erste wörtlein mit einer sondern Predigt erkleret / da wir den Ehestand nennen eine
zusammenfügung : Daraus Eheleut fein
gehöret haben / wie nahe sie einander vor-
wand sind / das sie nicht allein mit den henden zusammen gefüget / vnd vorbunden
sind / sondern auch mit den gemütern vnd
hertzen / etc.

Heute wollen wir bey diesem ehrlichen
Kirchgange derer zweyer / Eheleutlein in
solcher außlegung fortfaren / vnd sagen /
warumb als stehet / Eines Mannes
vnd eines Weibes / Daraus E. L. fein
vornemen werdē / wie viel personen zugleich
miteinander Christlich eine Ehe besitzen können / Nicht mehr als zwo . Dis wollen wir
erstlich aus Gottes Worte beweisen vnd
das jenige wiederlegen / das denen wörtlein
zu wieder ist.

Wo

Wo wird aber dis wörtlein beweiset / das der Ehestandt ist ein vorbündnis eines Mannes vnd eines Weibes / vnd nicht mehr?

Antwort.

Zum ersten wirds beweiset aus dem Buch der Schöpffung am andern Capitel / aus der ersten Ehestifftung / die GOTT selber anrichtet / da er zwo vnd nicht mehr Personen zusammen Ehelich vortrawet / vnd saget Adam drauff von allen folgenden Eheleuten. Et erunt duo in carne vna. Diese Schrifft ist GOTtes Wort / Gottes Wort aber ist eine solche Lehre / darinne man nicht mitteln / lindern / nachlassen vnd Dispensiren kan / es sey dann / das Gott selbs hierinne der Mitler vnd Dispensirer sey. Weil aber Gott selbs wieder diese erste Ehestifftung (Es sollen zwey ein fleisch sein) nichts nachgelassen hat. Derhalben ist es von anbegin der Welt nie recht gewesen / wird auch noch nicht recht werden / das ein Mann zugleich mehr dann ein Weib haben möge.

Zum

Zum andern stehet am selbigen orte/
noch eine starcke beweisung/weil Adam sagt/
Vir ad hærebit vxori suæ, non vxoribus,
Dann wie es mit Adam ist angefangen
worden/vnd mit seinem Ehestande / also sol
es hinfort mit allen andern Eheleuten ge=
halten werden.

Zum Dritten/ Jm Newen Testament
aus heutigem Text haben wir starcke be=
weisung/ Dann als die Phariseer zu Chri=
sto traten / vnd fragten jn/ Jst es auch recht
das sich ein Mañ scheidet von seinem Wei=
be / vmb jrgend einer vrsach willen / da ant=
wortet jnen Christus vnd sprach/ Habt jr
nie gelesen / das / der im anfang den Men=
schen gemachet hat / der machet das ein
Mann vnd Weib sein solte/etc. Da sagt
er auch einen Mann vnd ein Weib/ nicht
einen Mann vnd viel Weiber.

Zum Vierden auch im heutigen text
beruffet sich Christus auff die erste einsetz=
ung des Ehestandes/Moses hat euch erleubt
zu scheiden von ewern Weibern vmb ewers
hertzen hartigkeit willen/Aber von anbegin
ist es nicht also gewesen/ Aus welcher ant=
wort des HERren Christi wir seine sehen/
das

das wir in Geiſtlichen henden auff die
erſte einſetzung ſehen ſollen/vnd wider Gottes ordnung nichtes newes einführen/dann
Gott iſt nicht wanckelmütig/ er hat die erſte
einſetzung des Eheſtandes nirgent auffge-
haben/drumb bleibt es feſte beſtehen/ Es ſollen zwey ein fleiſch ſein.

Zum fünfften helt auch S. Paulus in
ſeinen Schrifften vber dem wörtlein feſte/
das nur ein Mann/vnd ein Weib im Eheſtande bey einander wonen ſollen / dann
Rom: 7. ſchreibet er alſo/ Ein Weib das
vnter dem Manne iſt / diewil der Mann
lebet iſt ſie verbunden an das Geſetze. Alſo
iſt auch ein Mann an das Geſetze gebunden (Es ſollen zwey ein fleiſch ſein)ſo lang
die Ehefraw lebet. Item 1. Corinth : 7.
Hurerey zuuormeiden habe ein jeglicher ſein
Weib / vnd ein jedes Weib jhren eigenen
Mann / da ſpricht S. Paulus nicht / Ein
jeder Mann habe ſeine eigene Weiber/etc.
Alſo in folgendem text / Der Mann leiſte
dem Weibe ſchuldige freundſchafft / deßgleichen das Weib dem Manne/Er ſchreibet da nicht/ den Weibern/ oder den Men-
nern/etc.

Item

Item zun Ephefern am 5. vorgleichet
S. Paulus Chriſtum vnd ſeine Kirche mit
Weib vnd Manne/ mit Braut vnd Breutigam / wo aber nu ein Mann mehr Ehelicher Frawen neme als eine/ſo würde ſolche
vorgleichung nicht beſtehen/Chriſtus würde
auch mehr als eine Chriſtliche Kirche haben/
welches dann wieder den Artickel des Chriſtlichen glaubens were/ſo were es auch wider
das groſſe geheimnis dauon Paulus ſchreibet. Am ſelben orte ſaget Paulus auch/
Ein jeder liebe ſein Weib / nicht ſeine Wei-
ber/etc.

Alſo were es auch wider das Weltliche
vnd Natürliche recht / dann das Weltliche
Recht ſtraffet die Poligamiam mit dem
Schwerte / das Natürliche Recht reth allwege zu friede vnd einigkeit. Was kan da
für friede vnd einigkeit ſein / wo mehr Ehe-
frawen dann eine/in eines Mannes Hauſe
wonen/wie dann die exempel Rahel vnd Lia
ausweiſen.

Naturæ eſſe contrariam Poligamiam
videmus ex lege Valentiniana,qui conce-
debat omnibus Poligamiam, tamen nemo erat, qui ſequeretur, &c.

Siehet

Bißher haben wir angezeigt/wo die wörtlein der Definition in heiliger schrifft gegründet ist/ da wir sagen/der Ehestand ist eine zusammenfügung eines Mannes vnd eines Weibes/etc. Welche bewessung E.L. fleissig mercken sollen / dann wir die nicht ohne vrsach eingeführet haben / Sondern weil Christus vnd S. Paulus so harte darauff dringen / die wissen am besten/ vnd bezeugt es auch zwar die tegliche erfarung/ was für gutes daraus entspringet/ wenn sich jhr zwey im Ehestande Christlich vnd wol miteinander vertragen/vnd wiederumb was für vbel daraus erfolget / wo mehr dann zwo personen eine Ehe mit einander besitzen wollen.

Die Natur hats vns in den Turtel tauben fürgebildet / wie züchtig vnd ehrlich zweyer personen vorbündnis im Ehestande sollen gehalten werden / da man schreibet/ das wenn eins seinen Gaten vorleuret werde es nicht fro / bis es hienach sterbe. Dazu gibt es auch das gemeine Sprichwort/das wir sagen/Mann vnd Weib sein zwo Seelen vnd ein Leib/ da gedencket man nur zweyer Personen/die so hertzlich gegen einander

Da es solcher ordnung nach gangen
were / vnd noch gienge / hülff Gott / wie ein
freundlichs / lieblichs / holdseligs wesen were
es vmb den Ehestand. Es lest sich bißweilen in den newen Eheleutlein sehen ein wenig
da eines das ander recht lieb hat / vnd von
niemand anders wissen / dann die zwey.
Aber der Teuffel hat sich in diesem fall
wider Gott auffgelehnet / vnd es erstlich bey
dem Lamech dahin bracht / das er zwey
Weiber genommen / wieder die ordnung
Gottes.

Wie die person war / also ist auch das
fürnemen / der Lamech war ein Frecher /
Trotziger / Gottloser Mensch / drumb nam
er auch solche Gottlose ding für / die wider
Gott vnd seine Ordnung waren. Drumb
solten sich billich alle Menschen vor solchen
Gottlosen fürnemen hüten / weil es so einen
Gottlosen anfenger hat / vnd vber der ersten
ordnung Gottes fest halten.

Was sol man aber halten von den
Exempeln der heiligen Veter / die
eins theils mehr denn ein
Weib gehabt
haben?

Antwort. Von der Poligamia daran
sich dann sonderlich viel ergern / sol man diesen bericht wissen vnd mercken / das vnser
lieber Herr Christus vns wider auff die erste
ordnung vnd einsetzung weiset / Es sollen
zwey ein fleisch sein. Nu hette Christus die
leute auff die erste einsetzung vnd ordnung
nicht geweiset / wo Gott an der vielheit der
Weiber einen gefallen getragen hette / dabey
sol mans billich bleiben lassen. Das aber
den lieben Patriarchen solches gestattet
worden / finden wir zwar keinen außdrück-
lichen befehl / Es ist auch kein Gesetze / sondern eine nachlassung gewesen / vnd gelten
exempel vnd thaten nichts zur probation /
die wider ein öffentlich recht sind / sonst
müsten schier alle gute Gesetze vnd Ord-
nungen zu bodem gehen / vnd auffgehaben
werden / Dann jr viel sind die dawider thun
vnd leben. So haben wir auch nirgent
keinen

keinen befehl / das wir vmb etlicher exempel
willen vom rechten abweichen sollen. So
wissen wir je auch / wie gemeiniglich die lieben
Patriarchen dazu kommen sind / das sie
mehr dann ein Eheweib hatten. Dem Abraham wird durch die Sara die Hagar bey-
geleget. Isaac lest jm an seiner Rebecca
genügen. Jacob würde neben seiner Rahel
keine andere genommen haben / wo sein
Schweher nicht betrieglich mit jhme gehandelt hette / vnd als dann / da zwo Schwestern
sich nicht vortragen kondten / ward er vor-
ursacht sich mit andern auch zuuorehlichen.
Wenn wir je in diesem fall wolten dem Exempel der lieben Väter folgen / so finden
wir jr viel mehr / die nach der Ordnung
GOttes mit einem Weib zu frieden gewesen / dann die jr mehr darzu genommen.

Es sey aber wie jm wolle / so müssen
wir vns in vnserm Christenthumb nicht
richten nach dem was etlichen sonderlich
erleubet / vnd zu gute gehalten ist / Sondern
nach deme / was vns allen befohlen ist. Ne-
met ein exempel / Gleich wie in einer Stadt
alle Bürger schüldig sindt den gemeinen
Statuten vñ Gesetzen zugehorchen / vñ sind

doch

doch etliche offte mit sondern Priuilegien
vnd freiheiten begnadet / das sie nicht allen
Statuten vnterworffen sind / Also hat
Gott eine gemeine Statut oder Ordnung
gestellet/das ir zwey vnd nicht mehr zugleich
eine Ehe besitzen sollen/vnd hat doch mit den
Patriarchen Dispensiret, oder ihnen das
Priuilegium vorgünnet. mehr denn ein
Eheweib zu haben / Gleich wie nu in einer
Stadt vmb eines einzeligen Priuilegs
willen die andern Bürger von gemeinen
Gesetzen nicht erlediget sind / also sind wir
vmb etlicher einzeliger Personen willen nicht
mechtig/die erste einsetzung des heiligen Ehe-
standes zuüberschreiten / vnd heben solche
Exempel Gottes gemeine Gebot nicht auff.

Vber dis so ist es gar vnförmlich geredt/
wenn ich von Abraham / Jacob/etc. auff
mich argumentiren vnd schliessen wil / der
ich nicht Abraham noch Jacob bin / vnd ist
hie kein recht schliessen von wegen der vn-
gleicheit der personen vnd exempel/wie man
saget / Vbi est dissimilitudo in exemplis
ibi non valet consequentia.

Vnd wenn es solte gelten von den Patriarchen auff vns zu argumentiren vnd
zuthun

zuthun / was sie gethan haben / was würde
für vngereimet ding daraus folgen? Diese
zwo Regeln sollen wir fleissig mercken. Der
heiligen leute glauben sollen wir zu allen
zeiten nachfolgen / aber nicht allezeit jhren
wercken. Item / Es gilt nicht schliessen von
etlichen sonderlichen Personen in gemein
auff alle.

Also ist nu hieraus leichtlich zusehen/
das diese Exempel der Patriarchen nicht
jrre machen/so man sie recht betrachtet/vnd
das man auch nicht alles was sie gethan
nach thun / sondern viel mehr auff jhren
Glauben sehen / vnd demselbigen folgen
sollen/ Dann nicht jr leben / sondern Gottes
Wort sol eine brennende leuchte sein vnsern
Füssen.

Hæc de Poligamia patrum,

Weil nu die exempel der heiligen Veter
vns nicht jrren sollen an Gottes Worte vnd
Ordnung vom Ehestande: Es sollen jhr
zwey ein fleisch sein: Wie viel weniger lassen
wir vns jrren das schendliche fürnemen der
Türcken / bey welchen frey stehet / so viel
Weiber zu haben / als man dem Keyser
Tribut geben wil. Da ist es kein wunder

J iij   das

das in diesem stücke wider GOTes Ordnung gehandelt wird / weil weder Altes noch
Newes Testament bey jhnen in keinem
sondern ansehen stehet / daraus sie sich des
rechten grundes köndten belernen. Derhalben da jemand sich vnterstehet wider dieses
wörtlein im Ehestande zuhandeln der folget
nicht Gotte vnd seinem lieben Sohne / sondern er folget dem Türcken / vnd seinem
Teuffelischem Machomet.

Was thun nu anders alle Ehebrecher
vnd Ehebrecherin / dann das sie das Gesetz
des heiligen Ehestandes vberschreiten / da
jr nur zwey vnd nicht mehr einander Eheliche freundschafft leisten vnd beysammen
wohnen solten / da hengen sie auch sich an
andere / vnd sind mehr hierinne Türckisch
dann Christisch oder Euangelisch / Dieses
ist leider gar gemein an allen örten / das
mancher Eheman auch wol manches Eheweib vorgist des Eydes vnd der trewe / den
er oder sie jrem Ehegenossen geschworn
hat / lassens nicht dabey bleiben / das jr zwey
ein fleisch sein sollen / sondern handeln wider
solche ordnung Gottes / mit jhrem Ehebruch.

Also

Also findet man auch gar viel leichtfertiger junger Gesellen / die sich dis wort
vom Ehestande lassen abhalten / vnd düncket
sie gar schwer sein / das sie sich einer person
also gantz vnd gar sollen zu eigen geben /
wollen viel lieber jres freyen vngefangenen
lebens brauchen / wie sie auch offte sagen /
sie mögen vmb eines Baumswillen / nicht
einen gantzen Walt vbergeben.

Was sagt aber Gott dazu / das Ehemenner vnd Weiber / auch Gesellen wider
diese seine einsetzung handeln? Antwort.
S. Paulus sagt / das kein Hurer / vnd kein
Ehebrecher solle theil haben am Reiche
Gottes / vnd des Herren Christi. Item / Er
sagt Hebr : 13. Seortatores & adulteros
Iudicabit Deus. Gott wil vber solche leute
selber ein Richter sein / vnd ob sie hie dem
zeitlichem Richter vnd Hencker entlauffen /
so wil sie doch Gott wol finden.

Es ist sich auch wol zuuerwundern / das
man vnterm Bapsthumb diese Ordnung
Gottes so gar geringe geachtet hat / da man
Priestern nicht hat wollen gestatten / mit
einem Eheweibe Haußzuhalten / vnd hat
viel lieber zugegeben / das sie viel heimlichen

J iiij   anhenge

anhenge gehabt haben / Wie der Gottlose
Mann Campegius geprediget hat auff
einem Reichßtage. Satius est cum multis
clam implicari, quàm cum vna aperte in
conspectu hominum ligari. Ist die nicht
strackes wider Gottes ordnung / der den
Ehestand allen Menschen erleubet / vnnd
wider S. Paulum / der da sagt / Ein
Bischoff sol eines Weibes Mann sein / etc.
Dis habe ich nu bißher gesagt / das man
sehen könne / wie der Teuffel an der ersten
einsetzung des heiligen Ehestandes auff
mancherley weise sein heil vorsuchet / vnd
wil nicht gerne zulassen / das jr zwey im Ehestande Christlich beysammen leben sollen.

Darumb ist nu hoch von nöten / auch
den frommen vnd heiligen GOttes / das sie
sich für solcher list vnd tücken des Teuffels
hütten / damit sie Gottes ordnung nach / in
angefangenen oder fürhabendem Ehestande in einem fleische / hertz / mut vnd sinn
eins steto für dem andern lieblich vnd hold-
seliglich leben möge. Welches dann wol
geschehen kan / wenn ein Christ auff Gott
vnd seine ordnung achtung gibt / vnd lest
jhme für allen auff Erden gefallen / das
jenige

ſeulige Ehegemahl welches ſhme Gott beſcheret vnd zugefüget hat / vnd nach deme einem die gemeiniglich am liebſten iſt / was einem von einem groſſen Herren geſchencket wird / So ſol ein jeglichs Ehegemahl das andere anſehen vnd halte / als das ſhme von Gotte beſcheret vnd gegeben iſt.

Vnd wenn Eheleudlein die gedancken ſtets behielten/die ſie im freien haben/da eins dem andern im ſinne vnd hertzen liegt / vnd an kein anders gedencket / da würde man ſein die wörtlein erfüllen / das in beſchreibung des Eheſtandes ſtehet / Nemlich/ Der Eheſtand iſt eine zuſammenfügung eines Mannes vnd eines Weibes / Vnd bey ſolchen Eheleuten iſt auch friede vnd einigkeit / es düncket ſie keine zeit lang ſein. Sonſt wo man im freien ſo vnbeſtendig iſt / vnd alle wochen an einem newen orte eine freiet anſchlegt/ oder wo die Jungfrawen ſind aus Flandern/vnd geben einen vmb den andern / da hat gemeiniglich die liebe hernach bald ein ende/vnd gehet der Mann ſeinen / das Weib ſhren weg / vnd handeln wider ſolches wörtlein/ Vnd iſt

J v   ein

ein gewisses zeichen/wo ein Mann im hause
one vnterlas schnurret / vnd kan jhme das
Weib nimmermehr nichts zu gefallen thun/
Da wird in jhrem Ehestande heissen ein
vorbündnis eines Mannes vnnd vieler
Weiber / etc. Vnd ob der Teuffel schon dis
wörtlein nicht bey allen mit dem werck vber-
trit oder zurüttet / so gehet es doch nicht one
sondern schaden abe / wenn ers nur in die
Augen vnd Hertzen bringet / das jhme einer
die seine / vnd eine den jhren nicht vber aus
lest gefallen/es kömpt trawn aus den Augen
ins Hertze/vnd folget allerley vnraht.

Derhalben wenn jr bedencket was der
Ehestand ist/vnd findet dis wörtlein darinne/
das es sey ein vorbündnis eines Mannes
vnd eines Weibes / so behaltet solch wörtlein
in ewren hertzen/vndlasset euch den Teuffel
nicht andere / dann mit welchen jr eine Ehe
besitzet / wider in ewere augen noch in ewere
hertzen bilden. Viel weniger gebt dem Teuffel raum / das er euch dahin solte bringen/
das jr vber ewer ördentlich Ehegemahl euch
an andere wollet hengen / vordechtig mit
jhnen machen/oder vbels mit jhnen begehen/
Dann GOtt wil solches nicht vngestrafft
laffen/

laſſen / Er ſtrafft Ehebruch vnd alle vnor⸗
dentliche vormiſchung mit ſchnellem vor⸗
terben / oder mit ewiger ſchmach / wie ihr
newelich von Ruben gehört habt aus Ja⸗
cobs Teſtament.

Dieweil dann GOtt der Allmechtige
dieſer zweyer Perſonen hertzen durch das
bandt der liebe auch zuſammen vorknüpffet
vnd vorbunden hat / Das ir zwey ein fleiſch
ſein ſollen. So bitten wir neben ihnen Gott
den Allmechtigen / er wolle ſie in ſolcher an⸗
gefangenen liebe vnd einigkeit erhalten/vnd
ihre hertzen durch den Eheteuffel nimmer⸗
mehr trennen laſſen/ Das helffe ihnen
vnd vns allen Gott der Vater
Son vnd heiliger Geiſt.
AMEN.

Die

Die Dritte Predigt von dem wörtlein,

Durch Gottes Wort.
MATH: XIX,

Was Gott zusammen gefüget hat / das sol der Mensch nicht scheiden.

Geliebten im HERren / Auff das Eheleutlein wissen möchten / was der Ehestand were / warumb man sich darein begeben / vnd wie man darinne leben solte / So haben wir für vns genommen bey den Hochzeitpredigten die Definicion vnd beschreibung des Ehestandes zuerkleren / darein dis alles fein gefasset ist / Welche Definition wir also gestellet haben: Der Ehestand ist eine zusammenfügung eines Mannes vnd eines Weibes / durch Gottes Wort / etc.

Vnd

Vnd haben in vorgehenden zweien Predigten erkleret die ersten zwey wörtlein / daraus Eheleute haben sollen lernen erkennen/
was der Ehestand für eine zusammenfügung sey / vnd wie nahe Eheleut einander
vorwandt sind / etc. Item / Wie viel personen dann zugleich miteinander eine Ehe
besitzen können / Nicht mehr dann zwo/
dann es heist eine zusammenfügung eines
Mannes vnd eines Weibes/Wer aber sich
mit mehr / dann mit einer person auff ein
mal eine Ehe zubesitzen vnterstehet / der ist
ein Ehebrecher / den wird Gott richten / vnd
er hat keinen theil am reich GOTtes / vnd
des Herren Christi/1. Cor:6. Ephe:5.

Jtzund bey diesem Ehelichen vnd Christlichen Kirchgang wollen wir in solcher
erklerung fortfaren/vnd Braut vnd Breutigam / vnd andere zuhörer berichten / von
dem dritten wörtlein in der Definition,
Das da heisset/ Durch Gottes Wort.
Daraus sie werden lernen/wer der Stiffter
sey jhres Ehestandes/vnd wo durch Eheleute so harte zusammen vorbunden werden/
das sie ir leben hie auff Erden mit einander
zubringen müssen: So wollen wir nu dißmal

mal hören / woraus wir dann dis wörtlein
beweisen / Durch GOTtes Wort /
Was Eheleut draus sollen lernen / vnd wie
man dawider handele.

Geliebten im Herrn / Wenn einer in
seinem Stande des gewis wil sein/ob er mit
gutem gewissen drinne leben könne / ob er
Gotte in solchem Stande auch gefalle / so
dienet nichtes so wol dazu/als das man sehe/
ob er in Gottes Wort auch gegründet sey/
Findet man/das Gott solchen Standt verordnet / vnd denselben in seinem Wort
gegründet hat / so mag man nicht alleine
mit guten gewissen darinne leben / sondern
wenn es einem vbel gehet / so kan man sich
auch desselben trösten. Also wer in Ehestand
sich begeben wil/oder albereit darein begeben
hat/der sol auch bedencken/was er für einen
Stand wil anfahen / Ob auch der Stand/
vnd die ienigen so darinne leben / GOTte
mögen gefallen. Nu finden wir aber in der
beschreibung des Ehestandes dieses wörtlein / das es sey eine zusammenfügung
zweier personen: Durch Gottes Wort/
Darinne stehet / das GOtt der Herr selbs
die Eheleut so harte zusammen vorbindet/
                                                                  vnd

vnd woburch er solches thut/Nemlich durch
sein Wort / Wer dieses bedencken wird im
Ehestande / der wird nicht allein mit gutem
gewissen darinne leben können/ sondern wens
jhme nicht allwege darinne gehen wird/ wie
er gerne wolte / so wird er sich des trösten
können/das ers mit GOTTE vnd seinem
Worte hat angefangen. Dann da wir in
der Definition setzen: Durch GOttes
Wort: So begreiffen wir den Autorem
Coniugij, wer den Ehestand erstlich gestifftet hat/ oder wer die Eheleute zusammen-
füget / vnd begreiffen das bandt/ dadurch
sie so feste zusammen verknüpffet werden.
Dann Gottes Wort ist gleich als der leim/
damit Eheleute gleich als aneinander geleimet werden/Wie Adam sagt: Aggluti-
nabitur vxori suæ. GOTtes Wort ist die
kuppel / dadurch Eheleut so fest zusammen
gebunden werden.Gottes Wort ist das ioch
darunter zwey Eheleut gleich als zusammen
gespannet werdé/wie Christus die Metapho-
ram brauchet / Quos Deus συνέζευξεν, etc.

Da wir aber in der Definition sagen:
Durch GOTTES Wort: Vorstehen
wir nicht alleine dis Sprüchlein / damit
man

man Eheleut Ehelich zusammen ......
wenn man sagt : Was Gott ......
füget / sol kein Mensch scheiden ......
auch alle die mittel / die inn ......
vermeldet werden / darnach man ...... Ehestand anfahen solle. Item / das G...
Wort / dadurch Eheleut in ihren ...
getröstet werden/etc.

Woher kan man aber beweisen/ das Gott der Priester ist / der ... Eheleut so harte zusammen ... knüpfft/ vnd das er solches thue durch sein Wort:

Antwort. Der Herr Christus beruffl
sich auff die erste einsetzung des Ehestandes/
da er die Jüden ihrer vnordnung halben
straffen wil/die sie bey dem Ehestande liessen
einreissen. Also beruffen wir vns billich in
diesem stücke auch darauff/Dann Gen. 2.
schreibet Moses/wie die heillge Dreyfaltig-
keit habe vber dem Ehestande raht gehalten
vnd gesaget: Non bonum est hominem
esse solum. Vnd nach gehaltenem rahte
wil

mit sonderlichem geprenge zum werck
gegrieffen / Adam seine Euam aus seiner
Rieben geschaffen / die geschaffene Adam
zugeführet / die beide Ehelich zusammen
gesprochen / vnd vertrawet. Wer sihet da
nicht wie Gott alleine der Priester gewesen/
vnd wie er die Copulation durch sein Wort
verbracht habe?

Solches ampt füret Gott der HErr
noch in allen Christlichen Ehestifftungen/
das er erstlich die Hertzen zweyer Personen
gegeneinander verbindet / die hernach
öffentlich zusammen vortrawet werden.

Gott der Herr thut mit seinem zusam-
menfügen/ dauon Christus saget / nicht wie
ein ander Priester / der ein pahr Volcks zusammen gibt. Einem Priester gibt es nichts
zuschaffen / wo ein Geselle / oder welche er
jhme erfreie/ sondern wenn jr zwey sich miteinander verlobet haben / vnd kommen als
dann für jn / so gibt er sie an Gottes stat/
als sein Diener öffentlich zusammen. Aber
Gott harret nicht mit seinem zusammen-
fügen bis jhme einer eine erfreiet / sondern
er ist zuuor im wercke/ vnd in der wahl/ vnd
welche er selbs nach seinem rahte welet/ die

fähret er dem Manne zu / das ist/schicket
seine mittel / durch welche jhme einer diese
oder jene / so jhme GOtt zufügen wil / lest
erfreien vnd verehlichen/Da als dann auch
durch GOttes Wort die Copulation vom
Priester vorbracht wird.Exemplum Isaac/
Rebecca / Tobias/ Sara/etc. So werr dis
beweiset/das GOTT der Priester/vnd sein
Wort die Cuppel ist.

Derhalben wer sich nu in Ehestande
wil begeben/der sol bedencken/in waser orden
er sich begeben wolle / welchen orden Gott
selbs gestifftet hat/ vnd sol nicht anders gedencken / Dann als ob GOtt itzund noch
gegenwertig were / der jhme seine verlobte
Braut Ehelich vertrawete / der Priester
spricht nur das wort: Aber Gott verknüpffet zwey Eheleutlein mit einem vnauff-
löslichem bande/ wie Christus sagt: Quos
Deus coniunxit, &c.

Das gibt nu Eheleutlein einen herrlichen trost / Ob schon in jhrem Ehestande
allerley Creutz mit vnterleufft / so frewen sie
sich doch des/ das sie in einem Stande sind/
der Gotte wolgefelt/ Ja darein sie Gott der
HErr selbs gesteckt hat. Es sollen Eheleut
nicht

Sie balde in jhrem Creutz vngedüldig werden / vnd GOttes vorgessen / vnd jhren Ehestandt dem Teuffel zuschreiben / wie es etwas mals geschicht / wenn eins das ander vmb schlim ansihet / so sagt man : Hat euch der Teuffel zu deme oder zu der gefüret / etc.

Von solchen bösen reden sol vns abhalten dieses / das wir wissen wie der Ehestand GOttes ordnung ist / vnd wie wir in Gottes Namen / durch sein liebes Wort sind zusammen vorknüpfft vnd vorbunden worden / dann in der ersten Ehestifftung des Adams stehet offte: Dixit Dominus, id est, sapientissimo consilio & decreto sanxit hunc ordinem. Diesen raht Gottes sollen wir vns lassen gefallen / Wer dem rahte zu wider ist / oder dem Teuffel seinen Ehestand zuschreibet / der lehnet sich wider Gott auff / deme kan es auch nicht wol gelingen.

Welchs ist aber nu Gottes Wort / dadurch Eheleutlein so harte zusammen vorknüpfft werden?

Antwort.

Antwort. Es ist fürnemlich dis sprüch=
lein / das ein Priester da fürm Altar vber
Eheleut spricht / Was Gott zusammen
füget / etc. Dann in dem Sprüchlein be=
rufft sich ein Priester auff Gott / als auff
den rechten Freier derer zweier Eheleutlein /
Daneben fasset dis sprüchlein alle ordent=
liche mittel / die Gottes wort zu rechter vol=
zihung des Ehestandes erfordert / vñ schleust
dagegen aus / alle vngebürliche mittel / damit
etliche den Ehestandt anfahen / vnd solche
ordnung Gottes verunehren. Dieses alles
wird darinne begriffen / da wir setzen : Die
Ehe sol durch Gottes wort geschehen / vnd
nicht Gottes wort zu wider sein. Nu lehret
aber Gottes Wort / vnd die exempel der
schrifft / das der Ehestandt mit dem lieben
gebete in Gottes furcht / mit vorwissen der
Eltern / mit ehren solle angefangen werden /
das heist alles durch Gottes Wort zusam=
men gefüget werden. Wie wir des feine
exempel in heiliger schrifft finden / vnd her=
nach hören werden.

Dagegen aber werden durch dieses
pünctlein : Durch Gottes Wort:
Außgeschlossen alle vngebürliche mittel / da=
mit

in der Eheſtande angefangen wirdt/die
wider Gottes wort ſind/als wo man ohn
alles vorgehendts gebete/ohne allen bedacht
zuplatzt/nur aus fleiſchlichem fürwitz/wie
Moſes ſolcher vnordentlichen Ehe gedenck-
et/Gen:6. Die Kinder Gottes ſahen die
Töchter der Menſchen/das ſie hübſch wa-
ren/vnd namen ihnen Weiber/wie es ihnen
geſtel: Dieſes ſetzet Moſes zu einer vrſach-
en/darumb Gott die Sindflut hat kommen
laſſen/das vnordentliche freien/der Menſch-
en/da man nur aus fleiſchlicher begierde
zuplatzte/vnd allerley ſünde begienge.

Der HERR Chriſtus prophecejet
von ſolchen vnordentlichen haireten auch/
Matth:24. Das es fürm Jüngſten tage
wird im ſchwang gehen/wie für der zeit der
Sindflut/etc. Da ſtraffe Chriſtus nicht
das man freiet/ſondern das man nicht nach
Gottes Worte freiet/vnd ſich verehelicht/
das man mehr dem Teuffel/dann Gotte
folget/vnd nach anreitzung des ſündlichen
fleiſches den Eheſtand verunehret.

Eſdræ am 10. ſtehet/das Eſdras ſolcher Ehen viel wider getrennet vnd auff-
gelöſet hat/die alſo nach mutwillen vnd an-

reitzung

reitzung des fleisches waren angefangen
vnd volzogen worden.

Wer aber nach Gottes Worte den
Eheſtandt wil recht anfahen der lerne / wie
Tobias vnd Sara Raguels Tochter den
angefangen haben. Dann Tobie 8. ſtehet/
das Tobias alſo gebetet habe. HERR
Gott du weiſt/das ich nicht böſer luſt halben
dieſe Saram zum weibe genommen / ſondern das ich möge Kinderlein zeugen / dadurch dein Nahme ewiglich möge gepreiſet
werden.

Alſo betet Sara auch Tobie. 3. Du
weiſt HERR/das ich keines Mannes begeret habe / vnd meine Seele rein behalten
habe von aller böſen luſt / vnd habe mich nie
zu vnzüchtiger leichtfertiger geſelſchafft gehalten: Einen Mann aber zunemen hab ich
gewilliget in deiner furcht / vnd nicht aus
fürwitz.

Sehet wie Tobias vnd Sara ihren
Eheſtand mit Gottes Wortte angefangen
haben/dem exempel ſolten die folgen/ die ſich
in Eheſtand zubegeben in willens ſind/dann
die jenigen ſo in anfahung der Ehe Gott
aus ihrem hertzen ſtoſſen / vnd nur vmb
fleiſch-

fleischlicher begierde willen den Ehestandt
anfahen / wie das tumme Vieh / vber diese
hat der Teuffel seine gewalt / wie vber die sie-
ben Menner der Saren / die er vmb solcher
vnordnung willen die erste nacht tödtete.

Also heisset Gottes Wort auch dieses /
das man den Ehestandt nüchterner weise
anfahe / dann da Gottes wort die truncken-
heit sonst in gemein vorbeut / viel mehr vorbeut er die inn anfahung des heiligen Ehestandes.

Mancher gehet auff einen truncknen
abendt auff die freiet / verlobet sich one alles
vorgehendes gebet vnd bedencken / für einer
stunden hat ers nie in willen gehabt.
Mancher seufft sich an seinem ehrentage
so voll / das er alles gebetes vnd aller erbarkeit vorgist / das er mehr einem Klotze / dann
einem Menschen ehnlich ist.

Das heist auch nicht mit GOttes
Worte angefangen / der Teuffel ist bey sol-
chen Ehestifftung gar nahe / es gereth auch
offtmals leider also das es wol besser töchte /
Da thun Eltern thörlich vnd Nerrisch /
Das sie auff einen trucknen abend in ihren

heusern

heusern solche freieten mögen gestatten / sie
solten solche Freier abweisen / vnd auff andere zeit bescheiden / da sie nicht schande an
stat der Ehe erfahren wolten.

Daher gehöret auch dieses / das man
im Ehestande der verbotenen Grade der
Blutfreundtschafft vnd Schwegerschafft
sol wahrnehmen / Dann Gottes Wort lehret vns auch dauon / wie Gott hefftig dar-
ber zürne / solche sünden auch offtmals mit
vertilgung Lande vnd Leute straffte / wenn
man zu nahe in die Blutfreundschafft freiet
Wie Leuit: 18. stehet. Wer nu hierinne nicht
folget / sondern one alles bedencken eine nahe
verwandte freihet / der handelt wider Gottes Wort / vnd kan sich in seinem Ehestande
des nicht trösten / das er durch Gott vnd sein
Wort Ehelich vorbunden were. Zu deme
sehen wir auch gar wenig glück / gedeien oder
einigkeit bey denen / die one alle reuerentz des
geblütes in die verbottene Grad freihen /
wie von grossen geschlechtern wol köndten
exempel gesaget werden.

Ferner handeln auch die in anfahung
ihres Ehestandes wider Gottes Wort / die
da mit vnehren zum Ehestande greiffen /
vnd

vnd durch schande zu ehren kommen wol-
ken/ wie die Dina die Sichem zu fall brach-
te/vnd hernach Eheliche. Das geschicht
leider offtmals das man dem Jungfraw-
stande zu vnehren den Krantz tregt/oder mit
pollem raßt für den Altar kömpt.

Oder da man offte lange heimlich
vbels handelt/ vnd entlich mit dem heiligen
Ehestande solches wil vordecken vnd ver-
mentein. Das ist eine grosse treffliche
Sünde/wo man diese ordnung Gottes also
mit schanden vnd laster besudelt.

Derwegen sollen Gesellen vnd Jungfrawen sich züchtig halten/ vnd jre ehre bis
zum Ehestande bewaren / da wird Gott
desto bessern friede vnd einigkeit geben/
Dann was es fur einen außgang gewinnet / vnd was fur ein haußregiment drauß
wird / wenn man zuuor vnzucht miteinander getrieben/das weiset die erfarung. Man
solte trawn der heiligen ordnung Gottes
nicht solche schande vnd vnehre auffthun.

Item / Wider dieses pünctlein handeln auch die/ so one wissen vnd willen jhrer
Eltern verloben/ Dann Eltern vnd Furmünden sindt mittel/ dadurch Gott einem

hene zufüren/Darinne hat der Teuffel auch
seine hinderung / das entweder Kinder ihrer
Eltern vnd Furmünden vorwilligung vorachten vnd hindan setzen/oder das auch wol
Eltern so wunderlich sind / vnd ihre Kinder
zu denen personen nötigen / dazu sie wider
lust noch willen haben / daraus hernach allerley vnwillen erwechst. Derhalben solten
Kinder hierinne ihre Eltern als Gottes
Werckzeuge erkennen / vnd ihnen dieselben
freien lassen / wie die lieben Patriarchen gethan haben.

Deßgleichen solten auch Eltern vnd
Furmünden iren gewalt nicht so hoch span-
nen/das sie wolten ihre Kinder vnd Mägd-
lein zwingen / zu denen sie nicht lust haben /
sondern sollen vleissig auff Gottes schickung
vnd verfügung sehen.

Also ist es auch wider Gottes Wort/
wo man durch Cupplerin/durch geschencke/
durch Philtra &c. den Ehestand wil anfahen.

So ist nu der beschlus / Was durch
Gottes Wort zusamen gefüget wird/das
hat Gott zusammen gefüget / vnd sonst
nichts. Nu las itzt erzelte irrthümb bewei-
sen/

sen/das Gottes Wort dabey sey/vnd das
Gott solches befohlen habe/das wird jhnen
wol fehlen.

Derhalben gleich wie dieses frommen
Eheleutlein ein grosser trost/das jr Standt
mit Gottes Wortte geziret vnd geschmü-
cket ist/des sie in allem jrem anliegen sich
billich trösten vnd frewen mögen. Also solte
dis billich denen ein gros schrecken sein/die
sich one vnd wider Gottes wort vnd befehl
in heiligen Ehestand einlassen/durch jtzt erzelte vngebürliche mittel/dann sie in jrem
Creutz keinen trost haben können. Da aber
jemandt durch solche vnordenliche mittel
den heiligen Ehestand angefangen hette/
der wolle es jme lassen von hertzen leidt sein/
habe zuflucht zu Gotte/vnd bitte jn/das ers
jhme vmb seines lieben Sohnes willen wolle
vergeben/vnd vleissige sich hernach derer
stück die in Gottes Wort Christlichen Eheleuten fürgeschrieben werden/so wird er
trost vnd segen in seinem Ehestande
haben.   Das helffe vns
GOTT allen/
Amen.

Die vierde Predigt von dem wörtlein/

Nach beider vorwilligung.

IVDICVM XIIII.

Simson sprach zu seinem Vater vnd Mutter: Ich habe ein Weib gesehen zu Timnah/ gebt mir nu dieselbe zum Weibe/ Denn sie gefelt meinen augen/ etc.

GEliebten im HERREN/ Wie haben bißher bey Ehrlichen vnd Christlichen Kirchgengen erkleret/ vnd außgeleget die Definition vnd beschreibung des heiligen Ehestandes/ auff das ein jeder wüste/ was dieses für ein Stand were/ darein er sich begebe/ oder darinne er albereit lebete/ vnd haben den Ehestand in eine solche beschreibung gefasset: Der Ehestandt ist eine zusammenfügung eines Mannes

Mannes vnd eines Weibes / durch
Gottes Wort / etc. Vnd haben nu die
fördern wort erkleret. Heute haben wir zu
reden von dem wörtlein: Mit beider
personen verwilligung / etc. Der
Ehestandt solle zwischen zweien personen
also angefangen werden / das man von beiden einen außgedrückten Consens vnd bewilligung habe. Dieses wörtlein sollen wir
nu auch dafür achten / das es nicht vorgeblich in dieser Definition stehe / sondern das
es zum rechten Ehestande gehöre / vnd den
Eheleutlein zu mercken gar nützlich sey.
Drumb wollet ir dißmal von solchen stücklein hören / was für eine bewilligung beider
Personen sein solle.

Dieweil es vmb den Ehestandt ein
solcher Standt ist / der mit lust vnd liebe beider personen solle angefangen werden / also
das ihre hertzen innwendig kegeneinander
verbunden sind / ehe dann sie mit den henden
für der Welt zusammen vertrawet werden /
so ist es auch hoch von nöten / das man des
einen öffentlichen Consens vnd bewilligung
zuuor von ihnen höre vnd habe / damit die
innerliche

jnnerliche vorbündnis des hertzen auch eusserlich mit dem munde bekrefftiget werde. Solchen Consens vnd bewilligung sehen wir in der ersten Ehestifftung/ da Gott dem Adam seine Euam zufüret/wie Adam dazu williget/ vnd sie für sein Ehegemahl erkennet vnd annimpt. Ja da Jsaac die Rebeccam freiet / vnd man durch seinen Diener seines gemüts gewis ist/ so fodert man die Rebeccam auch für/ vnd fraget sie/ ob sie dann auch den Jsaac haben/ vnd mit diesen seinem Diener wandern wolle/ da gibt sie jhren willen dazu/ darauff stellet man als dann erst die heimfürung an/ vnd nicht ehe.

Solchem brauche nach pflegen wir Braut vnd Breutigam nicht ehe zusammen Ehelichen zuuortrawen / wir haben dann öffentlichen für jederman sie hören jren willen dazu geben/vnd mit dem jaworte außdrücklich bekrefftigen / darauff folget als dann die Copulation / wie man pflegt zusagen / Consensus facit nuptias.

Aber dieses bedarff nicht grosses beweisens/ es ist jederman kundt vnd bewust/
das

das der Ehestandt mit beider personen vor=
willigung solle angefangen werden/sondern
die ist erst etwas wünderliches/das hie vom
Simson stehet/wie er seiner Eltern raht
hierinne bittet/vnd nicht ehe wil eine Ehe
volkömlich beschliessen/bis er seiner Eltern
willen dazu habe. Die Eltern aber ob sie es
wol erstlich nicht gerne gestatten wollen/das
er sich mit einer frembden/außlendischen/
vnd vngleubigen solle vorehelichen/jedoch
auff sein anhalten/geben sie ihren willen
dazu/vnd wollen solchs sein fürnemen mit
ihrer gewalt nicht hindern. Dieses ist gar
ein schöner text/darinne wir fein sehen kön=
nen/was Kinder vnd Eltern in anfahung
des Ehestandes thun sollen. Den Kindern
gebüret/das sie nach dem exempel des Sim=
sons sich nicht heimlich verloben/sondern
ihre Eltern darinne zu rahte nemen sollen.
Den Eltern aber gebüret auch/das sie ohne
gnugsame vrsache ihrer Veterlichen ge=
walt nicht mißbrauchen/sondern mit dem
anschlage ihrer Kinder zu frieden sein/etc.

Wenn man diese Ordnung vnd wei=
se hielte in anfahung der Ehe/so würde
manch

manch gros vbel verhüttet werden. Dann
ob wol fürnemlich zu volzihung eines Ehestandes die bewilligung derer beider personen erfordert wird/die sich miteinander verehelichen wollen/so sehen wir dennoch daneben in allen Ehestifftungen der heiligen lieben
Kinder/ das sie ihrer Eltern bewilligung
dazu haben wollen haben/ vnd sonderlich zu
dieser vnser letzten zeit / weil aus heimlichen
vorlübnissen so viel vnrahts entstanden/ vnd
vnd die Kinder auch offte nicht so wol be-
dencken/ was jhnen nützlich were/als es wol
die noth erfoderte/ so haben etliche Poten-
taten dieses gesetz geordnet/ das heimliche
verlübnis nicht gelten sollen.   Mit diesem
Gesetz wird nicht einerley/sondern zweierley
bewilligung der Eltern vnd der Kinder zum
Ehestande für nötig gehalten/ Darinne
man doch weißlich fahren/vnd ein jedes theil
seiner gewalt erinnern mus / damit nicht
grössere vnordnung dadurch angerichtet
werde.So gebt nur fein achtung auff diesen
vorlesenen text / so wird sichs selbes fein vn-
terscheiden/was Kindern vnd Eltern hierinne gebüre.   Simson stehet hie / als ein
Spiegel aller frommen Gottfürchtigen gehorsamen

horſamen Kinder / der wil one vorgehenden rath vnd bewilligung ſeiner Eltern die
Ehe nicht anfahen / ſondern zeigt es ihnen
zuuor an / vnd bittet / ſie wollen ihren willen
dazu geben. Dann das iſt billich vnd recht
nach Natürlichem / Göttlichem vnd Key-
ſerlichem Rechte / das Eltern ihrer Kinder
gemüts vnd willens zuuor eine wiſſenſchafft
haben ſollen / ehe dann ſie ſich mit jemande
verloben / da aber Kinder ſolches heimlich
anfahen / ohne ihrer Eltern wiſſen vnd willen / wie es leider heutiges tages gar offte geſchicht / ſo erzürnen ſie gemeiniglich Gott ſo
harte damit / das ſie es ir lebenlang nicht
verwinden können. Vnd wenn ihnen hernach im Eheſtande ein Creutz zuhanden
kömpt / ſo haben ſie immer aus beſchwertem
gewiſſen dieſe beyſorge / Es komme nirgent
anders her / dann dauon / das man die Eltern vorachtet / vnd ohne ir vorwiſſen ſich
verlobet habe.

Dann gröſſere ehre vnd vnehre kan ein
Kindt kaum ſeinen Eltern erzeigen / dann
wenn man inen entweder hierinnen folget /
oder ihren rath hierinne verachtet. Eſau er-
L
zürnete

zürnete seine Eltern hefftig damit / das er
wider jhren willen freiete.

Darumb sollen Kinder im fürhaben
jhres Ehestandes jhrer vorwilligung nicht
mißbrauchen / noch one jrer Eltern wissen
nichtes zusagen / sondern wenn sie befinden /
das sie jr hertz zu einer Person trage / das sie
solches mit rahte jhrer Eltern anfahen.

Ob wol der Babst die heimlichen verlübnis gestattet vnd billichet / so sind sie doch
wider Gottes Wort / vnd wider die Exempel der heiligen schrifft. Vnd gelten nicht
allhie die Argument / damit der Bapst solche
wil bekrefftigen / als da er saget / der Ehestandt ist je ein freier / Erbarer / Ehrlicher
Stand / drumb thun je die Kinder nicht vbel
das sie sich darein begeben.

Antwort. Der Stand an sich selbes
ist wol ehrlich / aber vnehrlich wird er angefangen durch heimliche vorlübnis. Ist doch
der Obrigkeit stand auch ein Ehrlicher
stand / wird aber vnehrlich angefangen / wo
man vngebürlicher weise hienein kömpt.

Das Predigampt ist auch ein öffent-
licher freier Standt / wird aber vnehrlich
angefangen

angefangen / da man mit vngebürlichen
mitteln dazu kömpt/etc.

Item/ da der Bapst sagt / Sind doch
die Kinder frey vnd nicht leibeigen / darumb
gebüret ihnen ihres gefallens sich in den
Ehestandt zubegeben. Dis bestehet aber
nicht/dann ist den Kindern erleubet/ vnterm
schein der freiheit sich heimlich zuuorloben/
so ist ihnen auch vorgönnet alles anders
vbels zuhandeln/etc.

Item / Die Geistlichen Rechte sagen
also: Weil den Kindern erleubet ist/one vnd
wider wissen vnd willen sich ins Klosterleben
zubegeben / so stehets ihnen auch frey / sich
ohne ihrer Eltern wissen vnd willen zuuor=
heiraten.

Wie reimet sich Klosterleben vnd Ehe=
stand zusammen? Eines hat Gott befoh=
len / Ehelich zu werden/ vom andern sagt
Gott nichts/das man sich mit oder wider
wissen der Eltern ins Kloster begeben solle.
Vngleichheit der exempel schleust nichtes.
Darumb sindt es gar kalte vnd faule vr=
sachen / damit der Bapst heimliche ver=
läbnis hat wollen bekrefftigen vnd beste=
tigen.

C H   Diese

Dieses mus ich hiebey sagen / damit
junge Gesellen vnd Jungfrawen dieses
stücklcins nicht mißbrauchen/ weil sie hören/
das der Ehestandt mit bewilligung derer
beider personen solle angefangen werden/
die sich miteinander verehelichen wollen.
Dann weil die jugent vnuerstendig / vnd
offte nicht so gar erkennet / was jr nützlich
oder schedlich sein möchte/so wil es von nöten
sein/neben dem/das es Gott haben wil / das
sie jhren Eltern die ehre gönnen / vnd jhren
rath vnd willen dazu nemen.   Wie dann
solches auch der Heiden Kinder gewust ha-
ben/ das es billich vnd recht sey / als wir von
der Hermione im Euripide lesen / etc.

Derwegen solten heute alle fromme
Gesellen vnd Jungfrawen dieses mercken/
das sie ohne jhrer Eltern raht vnd willen in
der anfahung des Ehestandes nichtes fürnemen / vnd nicht theten / wie es gar offte
geschicht / das sie solche vnchristliche reden
von sich lauten lassen / Was habe ich man-
gels an meinen Eltern/ sie haben mir hierinne nichtes zugebieten noch zu wehren / ich
neme mir ein Weib oder Mann / vnd nicht
meinen Eltern/etc. Oder sich heimlich ver-
loben/

loben/darnach sagen sie/sie haben sich nicht
weiter verlobet/dann so ferne die Eltern
wollen. Weil du dann weist/das deine
Eltern jren willen dazu geben sollen/vnd
müssen/warumb lessestu es dann nicht blei-
ben/bis du deiner Eltern willen dazu hettest?
Sehet zu/wie jrs eins teils vorantworten
wollet/das jr also mit der Ehe scherzet/vnd
als dann wider zu rücke kriechet/wenn jr
ewere Eltern selbs beredt habt/sie sollens nit
gestatten/etc.

Simson thut nicht also/sondern da er
jhme eine ausserkoren/die er Ehelichen
möchte/so helt er bey seinen Eltern fleissig
an/das solchs ins werck kommen/vnd sein
gewissen one beschwerung sein möchte/etc.

Was sollen aber Eltern hierinne thun?
Antwort. Das lehret gar feine das exempel
der Eltern des Simsons. Die erkennen
sich erstlich schüldig/das sie jhrem Sone zu
ehren helffen sollen.

Dann wenn Eltern jhre Kinder erzogen
haben/das sie selbs auch zum Ehestand vnd
zur Haußhaltung tüchtig sein können/da
sollen sie auch darauff bedacht sein/wie sie
jhnen zu ehren helffen können.

Das were wol billich / Aber sonst findet man wol solche störrische Eltern/die man
nicht höher erzürnen kan / dann wenn man
jhnen dauon wil sagen / das sie etwan einen
Sohn oder Tochter außsetzen sollen/ Ob
auch schon hairreten vorhanden sind/die dem
Kinde Ehrlich vnd nützlich weren / Lassen
sich offte mit solchen vngestümen worten
hören/ das Kind sey jhr / sie wollen gerne se-
hen/wer es jnen nemen wolle/ Vnd ist jhnen
nur darumb zuthun/das sie an jhrem Kinde
einen steten Knecht oder Magd haben wol-
len/suchen mehr das jhre damit / dann was
jhren Kindern zuträglichen sein möchte.
Aber welches rechte Gottfürchtige Eltern
sein / die achtens jhnen für die gröste freude/
wenn sie bey jhrem leben jre Kinder außstat-
ten/vnd zu ehren bringen können. Solche
thun Simsons Eltern auch / die jhme den
Ehestandt nicht weren.

Sie Abraham curat de coniugio filij,
Gene: 24.

Ferner haben wir an Simsons El-
tern alhie ein herrlich exempel/ in welchem
wir sehen können / wie weit die Eltern jhre
gewalt

gwalt in außstattung jrer Kinder erstrecken
der spannen sollen. Dann ob wol Simsons Eltern jhnen erstlich den fürschlag jres
Sohnes nicht gefallen lassen / das er eine
aus der Philister Töchter erfreien wil / be-
sorgen es würde nicht für jn sein / weil die
Philister dem Volck Israel stets zuwider
waren. Jedoch da jhr Sohn anhelt / so
zwingen sie jhn nicht / das er eine müste nehmen / dazu er nicht lust hette / sondern gestatten jhme die zu Ehelichen / die jhme lieb war.
Also ob wol die Eltern diese ehre haben / das
Kinder one jr vorwissen sich nicht verloben
sollen / vnd gebüret den Eltern auch / das sie
nicht balde auff der Kinder fürwitz zuplatz.
Jedoch ist jnen so viel gewalt nicht eingereu-
met / das sie jhre Kinder entweder gar vom
Ehestande abhalten / oder aber nötigen
wolten zu denen Personen / dazu sie jr hertze
nicht tregt / das macht als dann eine ge-
zwungene bewilligung vnter Eheleuten.
Wie man derer Eltern viel findet / die
die Kinder bedrewen / sie wollen sie enterben / oder wollen jhnen mit keinem hel-
ler helffen / wo sie nicht die nehmen /
welche jhnen die Eltern freien wollen.

Das

Das ist ein mißbrauch der Veterlichen gewalt / damit man den Kindern offtmals einen trübseligen Ehestand zurichtet / das eins dem andern fürwirfft / man habe sein lebetage weder lust noch liebe dazu gehabt / man sey dazu gezwungen / oder mit guten worten beredt worden. Vnd ist endlich also gethan / wie die Jungfraw im Plauto sagt: das man mit vnwilligen Hunden kein gute jagt bestellen kan.

Derhalben thun Simsons Eltern hierinne recht / das sie erstlich jren Sohn von seinem fürnemen abhalten / als sie aber sehen / das sie damit nichts schaffen / vnd bedencken müssen / das Gott jhrem Sohne gefreiet / vnd diese person erwelet habe / so stossen sie jn nicht aus dem hause / enterben jn nicht / sondern sind es zufrieden / vnd machen sich mit jme auff gen Thimnath / vnd helffen diese Ehestifftung selbs befördern.

Dis solten nu alle Eltern mercken / das sie jhrer gewalt nicht mißbrauchten / in außstattung jrer Kinder / vnd wo sie sehen / das jhre Kinder sich zubefreunden geneigt / were jhnen so viel erleubet / das sie
nicht

nicht gar wol damit zufrieden weren/das
sie dieselbigen dauon abzustehen vormanen
möchten. Da aber sie auch vormerckten/
das die liebe so gar eingewurtzelt/solten sie
besorgen/das sie nicht etwas hinderten/das
Gott selbes gestifftet hette.

Eine schande ist es/das jnen Eltern
vnd Freunde offt kein gewissen darüber
nemen/vnd die Ehestifftungen nicht wollen
jhren fortgang haben lassen/die mit worten
vnd allerley zeugnissen bekrefftiget sind
worden/Machen entweder den einen theil
widerspenstig/oder wollens nicht zulassen/
oder da sie vmb solchen handel wol gewust
haben/haben sie es nie gehindert/keine ein-
rede gethan/vnd da beider Personen gewissen zum hefftigsten gegeneinander verbunden sind/da wollen sie es nicht gestalten/
Ja es tragen sich wol hendel zu/das Eltern
gewilliget haben/lauffen dennoch wol die
widerfart/werden wider außfellig/wollen
nicht halten/was sie zuuor zugesaget haben.
Beschweren also jr eigen gewissen/vnd jrer
Kinder gewissen/das sie es jr lebenlang
bekreisten müssen. Derwegen were es wol
von nöten/das man nicht so leichtlich hie-
　　　　　　　　Ł ij　　　rinne

rinne sündigte/ sondern wol bedechte/ ob der Kinder oder Eltern verwilligung zum Ehestande mehr erfordert würde/ vnd das an einem mehr gelegen were/ denn am andern. Da auch Kinder sich mit vorsübnis etwas eingelassen/ solte man nicht so vnbedechlich zuplatzen/ vnd dasselbe vorhindern vnd trennen.

Solchs habe ich zum vnterricht den Eltern vnd Kindern sagen wollen/ bey dem wörtlein der beschreibung des Ehestandes/ das da heist : Der Ehestand ist eine bewilligung beider personen / etc. Daraus man erstlich lernen solle. Consensus duarum personarum contrahentium facit nuptias.

Zum 2. Das Kinder dieser bewilligung nicht mißbrauchen/ oder sich heimlich verloben sollen.

Zum 3. Das Eltern jrer gewalt nicht sollen mißbrauchen/ wenn sie jre Kinder zu rahte nemen/ sondern zusehen/ das die gewissen

wiſſen nicht beſchweret werden / wo es alſo
zugehet / ſo wird es glücklich gerahten.

Vnd weil dieſe beide perſonen jhren
Eheſtand ſo ordentlich angefangen / das
nicht allein jr beider vorwilligung / ſondern
beiderſeits Eltern vnd freundſchafft dazu
geneigt geweſen / zweiffeln wir nicht / Gott
wirdt jhren Eheſtand ſegenen / vnd jhnen
alles gutes beſcheren.   GOTT ſtewer
aller vnordnung / vnd helffe das
der Eheſtand allenthalben
geehret werde /
Amen.

Die

Die fünffte Pre-
digt von dem wört-
lein/

Die freundlich vnd Erbarlich bey-
samen wohnen.

SYRACH XXV.

Drey schöne stück sind/die beide Gott vnd den Menschen wolge-
fallen/wenn Brüder eins sind/ vnd
die Nachbarn sich lieb haben / vnd
Mann vnd Weib sich wol miteinan-
ander begehen.

Eliebten im HErrn / dis vorlesene
Sprüchlein haben wir nicht der
meinung für vns genommen / das
wir es jtzundt volkömlich erkleren wolten/
vnd wolten da nach der lenge Brüder vnd
Nachbarn zu friede vnd einigkeit vormanen / sondern das wir daraus nur das letzte
stücklein bewrisen / wie wol es stehet / vnd
was

was Gott für gefallen daran tregt / wenn
Eheleut sich freundlich vnd wol miteinander begehen / Dann dieses folget in außlegung vnserer fürgenommenen Definition
oder beschreibung des heiligen Ehestandes/
das wir heute beweisen müssen/ aus Gottes
worte / wie dieses auch zum rechten Ehestande gehöret / das Eheleut freundlich vnd
Erbarlich beysammen wonen sollen.

Der vorgehenden Predigten werdet
ir euch noch sonder zweiffel erinnern/darin-
ne diese Wort außgelegt sind worden/
Der Ehestandt ist eine zusammenfügung eines Mannes vnd eines
Weibes / durch Gottes Wort / mit
beider vorwilligung / So ferne sind
wir kommen.

Heute wollen wir fortfaren / vnd E. L.
berichten/ Warumb wir diese wörtlein auch
hienein setzen / Die freundlich vnd
Erbarlich beisammen wonen sollen/
Welche zwey wörtlein vns werden berichten / wenn zwo personen sind Ehelich worden /, vnd sind ordentlicher weise durch
Gottes

Gottes Wort/vnd mit beider vor̄........
öffentlich zusammen vorbunde̅.......
wie sie dann gegeneinander sich ....
halten sollen/ in diesem verb........

ren die zwey Wörtlein : Freund........

Erbarlich.

Dieweil zwey Eheleutlein / die ....
GOttes wort zusammen vorb........
wissen/ das sie in einem Stande ....
GOtte angeneme ist/ so sollen sie ....
grossem vleis lernen/ wie sie darin........
sollen/ damit sie Gott nicht er........
allerley vnglück vnd nachtheil ....
kommen/ Da wollen wir aber ni........
ren/ wie sie gegen Gotte sich ....
das haben sie oben zum theil ge........
vnten auch folgen/ Sondern ....
einander leben sollen/ das wolte̅ ....
kurtz fassen/ sagen derhalben/ Sie ....

Freundlich vnd Erbarlich beysa........

men wonen. Ir Ehestand sol sein........
eine Schule/ aller freundligkeit vnd ....
keit. Daran haben GOtt vnd M........
einen wolgefallen.

Nu lernet die wörtlein vorstehen.

Durch

Durch das erste Wörtlein: Freundlich / begreiffen wir rechte Eheliche liebe/
einigkeit / friede / vnd freundligkeit / vnd
schliessen dagegen damit aus allen haß
vnd feindschafft/allen zorn vnd vneinigkeit/
alles schlagen vnd blewen vnter Eheleuten.

Erbarlich aber nennen wir / in
Tugent/ Zucht vnd Erbarkeit beysammen
wonen/ vnd schliessen vnter Eheleuten damit aus / alle vnzucht / vntugent / frechheit
vnd leichtfertigkeit. Wo also in liebe
vnd freundschafft / in friede vnd einigkeit/
in zucht vnd tugent zwey Eheleut beysammen wonen / da wonet freilich GOtt/
vnd hat an ihnen einen gefallen / wo aber
das widerspiel ist / da man in stetem kampff
vnd zanck / schelten vnd fluchen / schlagen
vnd blewen / vnzucht vnd bösem vordacht
beysammen lebt / da wonet freilich der
Teuffel / er hat daran seinen gefallen/
vnd ist wenig glückes bey solcher Ehe.
Was GOtt für gefallen daran
trage / zeigt nicht allein hie Syrach an/
sondern das zeigt es auch gnugsam an/
das

das Gott vns das gröste geheimnis durch
solchen freundlichen leutseligen Ehestand
zweier personen wil fürstellen / Nemlich
zwischen Christo vnd seiner lieben Kirchen/
hoher/herrlicher/ heiliger vnd reiner exempel
ehrlicher liebe vnd freundschafft können wir
nit haben / So mus je freilich folgen / das
Eheliche liebe vnd freundlichs wesen der
Eheleute GOtt zum höchsten wolgefalle/
als eine ordentliche/ heilige / Göttliche liebe
vnd widerumb mus folgen / das Eheliche
vneinigkeit haß vnd vnwillen GOtte zum
trefflichsten mißfalle/ vnd das man mit vn-
erbarn leben jn im Ehestande zum hefftigsten erzürne.

Aber gar seltzam sind heutiges tages
solche Ehen / da man mit solcher freundligkeit vnd erbarkeit beysammen wonete.
Viel mehr finden wir ir/die mit vngestüm/
zorn vnd zanck/ dazu auch mit vnzucht vnd
leichtfertigkeit beysammen wonen.

Ach wie finden wir in Heidnischen
Historien solcher freundligkeit vnd Erbarkeit / so schöne exempel / die vnter Christen
seltzam sind.

                                        Cyrus

Cyrus vnd seine Cassandane haben so freundlich vnd erbarlich beysammen gewonet / das da die Cassandane sterben solte / sagte sie / es were jr viel schwerer / das sie von jhrem Cyro / dann das sie von diesem leben scheiden solte. Sie hatte Cyrum lieber / dann jr eigen leben.

Themistoclis Weib hatte jren Mann auch so lieb / das sie nicht wuste / was sie anders dencken solte / dann wie sie nur in allen dingen jme zugefallen thun möchte.

Da der Dionisius der Tyran seine Schwester straffete / darumb das sie jhren Mann den Polixenum nicht gegen jhme verrahten hette / da er wolte heimlich hinweg ziehen aus furcht des Tyrannen seines Schwagers / da sagte das Weib: Achtestu mich für ein solches loses Weib / wenn ichs gewust hette / das ich meinen Ehemann solte allein in solcher furcht gelassen haben / vnd solte nicht sein geferrte gewesen sein. Es were mir lieber gewesen / das ich des Polixeni Weib / dann des Dionisij Schwester genennet würde / Das ist freundlich vnd erbarlich von einem Weibe gehandelt.

M   Hometus

Homerus beschreibet den Hectorem vnd seine Andromachen also / das billich Chriſtliche Eheleut Freundligkeit vnd Erbarkeit von jnen ſtudieren möchten / Dann wie lieb ſie ihren Mann gehabt / zeiget ſie mit denen Verſen gnug an. Tu mihi, Tu ſolus pater es materꝗ verenda. Tu dulcis frater, tu gratus ad omnia coniunx. Das iſt / Ich halte dich nicht allein für meinen Mann / Sondern für meinen Vater vnd Mutter / Bruder vnd Schweſter / Du biſt mir alles / etc.

Von Tugent vnd Zucht der Eheleut finden wir trawn auch viel ſchöner exempel in Heidniſchen Hiſtorien / wie jr von der Lucretia / von andern Weibern mehr leſet / die Zucht vnd Tugent höher geachtet haben / dann jr eigen leben.

Penelope hat zwantzig Jhar abſente Vliſſe erbarlich gelebet. Penelope manſit quamuis cuſtode careret. Inter tam multos intemerata procos.

Das ſind nur Heidniſche exempel / die wir müſſen offt einfüren den Chriſten zu groſſer ſchande.

In

In heiliger schrifft findet man solche
Eheleute auch/ die freundlich vnd erbarlich
beysamen gewonet haben/ Abraham vnd
Sara/Isaac vnd Rebecca/etc.

Hilff Gott/ wie würde es vmb den
heiligen Ehestand so ein freundliches hold-
seliges wesen sein/ wenn wir im stande der
vnschuld blieben weren/es würde nicht so viel
zancks/vneinigkeit/schlagen/blewen/schelten
vnd fluchen darinne gehöret werden. Es
würde auch alle böse begierde/Vnzucht vnd
Hurerey nachbleiben. Ein kleines füncklein
solcher freundligkeit vnd erbarkeit scheinet
noch in jungen freiers leuten/ welche jhre
vertraweten höher lieben/ dann jr eigen le-
ben/ das sie auch den leib für sie in gefahr
setzten/ oder wol in todt giengen/ehe sie der
etwas liessen böses widerfaren. Solche
liebe/freundligkeit vnd erbarkeit würde nicht
allein im anfang gewesen sein/ wenn man
freiete./ sondern würde fort vnd fort im
Ehestande vnter Eheleuten blieben sein/
da würde wider zanck noch schande sein
erfahren worden/ ein jedes würde mit aller freundiligkeit/ zucht vnnd erbarkeit
sich legen, dem andern erzeiget haben.

Aber

Aber leider da hat der Teuffel so einen müh=
seligen vnfreundlichen stand aus dem lieblichen holdseligen Ehestande gemacht / das
wo man ihme nicht weret / so würde eitel
zanck / murren / kieffeln vnd beissen/schande
vnd vntugent vnter Eheleuten einreissen.
Wie es noch one das geschicht / man were
so vleissig als man wolle / so erferet man
dennoch schier von Eheleuten mehr böses
denn gutes / daran sich vornünfftige leute
sehr geergert / vnd den Ehestand für einen
vnglückseligen stand geachtet haben / Wie
der Poet saget : Semper habet lites alter-
nacq iurgia lectus. In quo nupta iacet
minimum dormitur in illo.

Jr habet solches vnfreundlichen wesens ein Exempel an der Xantippa des
Socratis Weibe / da kein freundlich wort
noch geberde bey war.

Des Mosi Zippora / welches auch ein
herbes vnd vnfreundlichs Thier war.

Die liebe Monica hat auch gar einen
störrischen vnfreundlichen Mann den
Patricium gehabt / von deme sie gar viel
hat müssen erdulden. Solches vnfreundlichen Ehestandes finden wir allenthalben
gnug/vnd leider alzuuiel.   Wo

Wo aber dis auch hinzu kömpt / das
von Eheleuten vnerbar gehandelt wird / das
eins das ander trewlos befindet / eins dem
andern nicht weiter darff trawen / dann so
ferne sie einander sehen / da ist es zu mal arg /
da hat der Teuffel erst seine wollust dran.

Es können sich zwar auch wol
zwischen Gottfürchtigen Christlichen Eheleuten bißweilen solche hendel zutragen /
darüber sie vneines werden / Wie auch
zwischen Abraham vnd seiner Saren bißweilen vneinigkeit fürgefallen / Aber doch
hat es viel ein ander gelegenheit darumb /
dann vmb die jenigen / die sich mit stetem
kieffeln vnd beissen nehren / vnd da man
nimmermehr kein gut wort nicht höret. Wo
fromme Eheleut vneins werden / erinnern
sie sich der Sünde vnserer ersten Eltern /
vnd bedencken wie sie der auch entgelten
müssen / sie vben aber ihren glauben mit
gedult / vnd geben dem zorn nicht zu weit
raum vnd stat / Wie S. Petrus die Menner dazu vormanet / da er sie heist mit vernunfft bey ihren Weibern wonen / vnd
Syrach vorbeut solche vnfreundligkeit /
vnd vngestüm an den Mennern / Cap: 3.

Du solt nicht sein wie ein Lewe in deinem
Hause.

Wie were im aber nu zuthun / damit solche freundligkeit vnd erbarkeit vnter Eheleuten gepflantzet
vnd erhalten möchte
werden?

Antwort. Dieweil rechte Eheliche liebe
aus Gotte ist / vnd dem Menschen von
Gott gegeben wird / so sind dieses zwey vor-
neme mittel dazu / das Wort Gottes / vnd
das gleubige gebete. Dann so die Eheleute
das WortGottes ernstlich hören / vnd lesen /
erlernen vnd erfaren sie daraus / das es sie
zu allem guten / vnd also auch zu aller
freundligkeit reitzet vnd locket. Vnd so sie
mit warem glauben Gott bitten / das er alles
abwenden wolle / was solche freundligkeit
vnd liebe zwischen ihnen möge geringern /
vnd jnen zu dem vorhelffen / das jnen solche
stück möge mehren. So wird sie Gott erhören / allein das sie mit dem Gebet vnd gehör
Göttlichs worts anhalten / wie jr des gar ein
schön exempel habt von der lieben Monica /
welche

welche gar einen vnfreundlichen Gottlosen
Mann hatte / vnd brachte es dennoch mit
jhrem gebet vnd Gottesfurcht dahin / das
er zum Christlichen glauben bekeret ward/
vnd ward daneben gar sanfftmütig vnd
freundlich/ etc.

Zum andern dienet dieses auch zu
pflantzung vnd erhaltung Ehelicher freundligkeit vnd erbarkeit / Wenn Eheleut stets
bedencken / das sie zwey ein leib sind / vnd
auch also einen sinn hertz vnd willen haben/
vnd keins dem andern seinen mangel vnd
gebrechen auffrückt vnd fürwirfft. Ist
dein Weib nicht gar fürsichtig vnd geschickt / GOTT aber hat dir Weißheit
vnd geschickligkeit gegeben / so rühme dich
nicht wider dein Weib / sondern gedencke/
das dich GOTT zu jhr verordnet hab/
das du jhren mangel ersetzen solt / vnd
also jr beide ein volkommener leib werdet.

Also auch / ist der Mann arm / das
Weib reich/ so wird dadurch wenig freundligkeit gemachet werden / wenn das Weib
stets dem Manne seine armut auffrückt/ etc.
Die Ehe ist eine gemeinschafft des guten
vnd bösen/ etc.

Zum dritten erhelt dis auch / vnd machet solche freundligkeit / vnd erbarkeit vnter Eheleuten / wenn eins dem andern weis etwas zuuorsehen / vnd nachzugeben/ wenn eins gar nicht will dulden / wozu das ander geneiget ist / so wird nicht grosse freundligkeit folgen. Dis haben die vornünfftigen Helden gemeinet / da sie gesagt haben. Wer der Junoni der Göttin des Ehestandes Opffern wolle / der müsse die Galle aus dem Opffer thun / das ist / wer einen freundlichen Ehestand besitzen wolle der müsse seinen zorn stewren/ vnd biszweilen etwas vorsehen können.

Ein Spartanisch Weib / da sie von einer alten Kupplerin vorhetzet ward / sie solte jhrem Manne nichtes vorsehen / sagte sie/ heb dich an Galgen / weil ich ein Jungfraw war / wuste ich / das ich meine Eltern ehren / vnd jnen gehorsam sein solte / itzund da ich im Ehestande bin / weis ich / das ich meinem Eheman solle gehorsam sein / vnd jhme vorsehen/ vnd vorhören.

Der berümbte Kriegßfürst Cyrus befahl seinem Kriegßuolck / wenn sie sehen/ das jhre Feinde mit grossem geschrey sie
angreiffen

angreiffen wolten / solten sie ihnen mit stil-
schweigen begegnen / wenn die Feinde stille
weren / solten sie dagegen schreien. Also
were es im Eheftande für Weiber auch gerahten / wenn der Mann schülde / das das
Weib schwige / wenn der Mann schwige/
das das Weib als dann ihre notdurfft
redete.

Wo im Eheftande ein sanfftmütiger
Socrates gegen einer zenckischen Xantippa / vnd eine gedüldige Monica gegen einem vngeftümen Patricio ift / Da wird
Freundligkeit vnd Erbarkeit gepflanzt vnd
erhalten werden. Etliche wollen viel lieber
vbel geschlagen sein/dann ein wenig schweigen vnd nachgeben.

Wenn vorzeiten zu Rom Eheleut
vneins worden / giengen sie miteinander
in Tempel / den man nennete/ Templum
Deæ Viriplacæ, da redete ein jedes mit dem
andern seine notdurfft one alle mittel personen / als dann waren sie versünet/ vnd
giengen miteinander inn friede anheim.
Jtzund wenn Mann vnd Weib vneins
werden / mus es schier eine gantze Stadt
vnd alle Obrigkeit erfaren / dadurch es offt

M v   viel

viel erger wird / es werden Gesinde vnd
Kinder geergert/etc. Es sol eins dem andern
seine beschwerung mit feiner bescheidenheit
sagen/zu gelegener zeit/wie die Abigail nicht
wil mit jhrem Nabal von solchen dingen
reden / da er truncken ist / sondern auff den
morgen/wenn er den trunck außgeschlaffen
vnd vordewet hette/1. Reg: 25. Zum vierden wird dis auch zu pflantzung vnd erhaltung ehelicher freundligkeit vnd erbarkeit
dienen/wennEheleut jhre Kinderlein werden
ansehen / vnd recht bedencken/ was die sind/
sie sind ein steiffes bant der Ehelichen liebe/
wie sie auch zu Latein Pignora genennet
werden. Dann sie also von beiden Eltern
geboren sind / das sie dadurch gleich als zusammen vorbunden werden. Vnd wenn
Eltern jhre Kinder lieben/vnd die Kinder die
Eltern wider lieben/ so gibt es beiden Eheleuten vrsach / das sie auch einander desto
mehr lieben/ vnd desto freundlicher miteinan-
ander vmbgehen. Daher es auch Gott so
wünderlich schaffet / das die Kinder etwa
den Eltern ehnlich sind/damit je desto grössere liebe vnd freundligkeit in der Ehe sein
möge. Wo ein Vater sihet/ das die Mutter
der

der Kinder nicht achtet/ oder eine Mutter
sihet/ das sich ein Vater der Kinder nichts
annimpt/ so verschwindet auch die Eheliche
liebe vnd freundligkeit.

Letzlich dienet dis sonderlich zu pflantzung vnd erhaltung Ehelicher freundligkeit vnd erbarkeit/ wenn sich beide theil be-
fleissizen/ die gedancken in jhrem Ehestande
stets zuerhalten/ die sie erstlich in der freiet
gehabt haben/ Da lest sich ein jedes düncken/
das seine sey das schönste/ hübschte vnd
frümste/ das geht jhm tag vnd nacht im
sinne vmb/ es stehet jm gleich für den augen.
Das sehen wir/ das solche Eheleute sich
lassen bedüncken/ wenn sie dreissig oder
virtzig Jar beysammen gelebet/ als weren
sie kaum zwey oder drey Jar beysammen
gewesen. Durch solche liebe vnd freund-
ligkeit/ wirdt alles Creutz im Ehestande
gleich oberzuckert/ das es nicht so harte
betrübet/ Vnd trawren solche Eheleute
wol aus. Es ist fürwar ein jrdisch Paradeis vmb einen solchen Ehestandt.

Derhalben

Derhalben sol man nu solche mittel
heute lernen vnd behalten / So wird man
nicht allein anfahen im Ehestande Freundlich vnd Erbarlich beysammen zu wonen/
sondern in solcher freundligkeit vnd erbarkeit
beharren. Das helffe Gott diesen vnd
allen andern Eheleuten/
A M E N.

Die sechste Pre-
digt von dem wört-
lein/
Bis in Todt.
I. CORINTH: VII.

Den Ehelichen gebitte nicht ich/
sondern der HErr / das das Weib
sich nicht scheide von dem Manne/
so sie sich aber scheidet / das sie one
Ehe bleibe/oder sich mit dem Manne vorsüne / Vnd das der Mann
das Weib nicht von sich lasse.

Gelieb-

Eliebten im Herrn / Wir haben die
erklerung der Definition des heiligen Eheſtandes in etlichen Hoch-
zeitprediglen bracht / bis auff das wörtlein
da wir ſagen : Bis inn den Todt /
Darinne Eheleut erinnert werden/was für
ein langwirtzes vorbündnis ſie miteinander angefangen haben. Dann da wir bißher ſie vnterrichtet haben/was für ein nahes
vorbündnis zwiſchen Eheleuten ſey / Wie
viel perſonen zu ſolchem vorbündnis gehören / nicht mehr als zwo/ein Mann/vnd ein
Weib. Item wo durch dann zwey Eheleute
ſo veſt zuſammen vorbunden werden/durch
GOttes Wort. Item / Obs dann ein gezwungen vorbündnis ſey / Nein / ſondern
das mit beider vorwilligung geſchicht.
Item / wie ſie gegeneinander ſich halten
ſollen / freundlich vnd erbarlich ſollen ſie
beyſammen wonen.

　　Nun folget / wie lange denn dis vorbündnis weret / vnd was für vrſachen ſich
zutragen können / dadurch ſolchs vorbündnis mög getrennet werden.

　　Geliebten im Herrn / In vnſer geſtelten
Definition haben wir geſetzt dis wörtlein:
Bis

Biß in Todt: Damit wir den Bestandt
vnd langwirigkeit dieses vorbündnis zwier
Eheleute haben anzeigen wollen. Aber
vorbündnis / so die Menschen mitteinander
machen / erstrecken sich auff eine gewisse zeit
wenn dieselbe vmb ist / so hat das vorbündnis auch ein ende / wie der Türckische vnd
Römische Keiser auff etliche jarlang ein
verbündnis oder friedestandt mitteinander
auffgericht haben / etc. So mag auch gar
leicht sich etwas zutragen / darumb das verbündnis zurissen vnnd getrennet werden.
Aber wenn zwey Eheleute sich ehelich mit
einander vorbinden / so erstreckt sichs solang
als das leben weret / bis sie Gott vnd der
Todt scheidet / wie jener im Terentio saget:
Hanc mihi nisi mors adimet nemo.

Wo nu zwischen jr zweien der Ehestandt wol gerecht / so ist ihnen das wörtlein
gar lieb / das sie bis in Todt beysammen
wohnen sollen / vnd thut jnen nichts so wehe /
als wenn sie durch den todt / oder durch einen
andern vnfall sollen gescheiden werden / ob
auch schon sie mit gewalt von einander geschieden werden nach dem leibe / so hangen
doch jre hertzen stets aneinander / vnd können
doch

doch nicht geschieden werden / wie fromme
Eheleutlein an sich befinden / das ir Ehestande heist : Je lenger je lieber.
Aber trawn / wo es vbel gereht / so ist dieses
wörtlein zumal schwer vnd vordrießlich / das
es so lange weren sol. O wie wird manchem
die weile solang vber dem wörtlein / wie gerne wolt er sehen / was sein Weib für ein gestalt hette / wenn sie todt were / Mancher
nimpt in der Faßnacht ein Weib / in der
Fasten gebe er sie vmb einen Brathering.
Es wündschet eins dem andern den Todt /
Es leufft eins vom andern / vnd kan des
wörtleins: Bis in Todt: nicht erwarten / Mancher lest Weib vnd Kinde
sitzen / leufft dauon / stirbt an einem andern
orte mit bösem gewissen. Vnd ob sichs bißweilen in der Flitterwochen also lest ansehen /
als wolte gar ein gute Ehe daraus werden /
so gereht es doch bißweilen also / das eins dem
andern lieber den Todt denn das Leben
wündschet.

Das machet die leidige Sünde / darein
wir durch vnsere ersten Eltern gefallen /
dann da es ohne das were / so were das
eheliche

eheliche vorbündnis voller steter liebe vnd
freundschafft blieben / es hette das Weib
keinen andern Mann / der Mann kein ander Weib begeret / Man hette keine Ehescheidung erfaren / da were kein neid / haß
noch vneinigkeit zwischen Eheleuten gewesen / sondern hetten ir leben in höchster einigkeit vñ freundschafft miteinander zubracht.

So offte als wir nu exempel der vneinigkeit oder der Ehescheidung erfaren / so
offte sollen wir vns der Erbsünde vnd
vnserer wircklichen Sünden erinnern /
Gott vleissig bitten / er wolle vns dafür behalten / Vnd sollen dem Teuffel nicht raum
geben / der offte gerne zanck anrichten / vnd
aus einem kleinen fancklein ein gros Fewer
machen wolte / dadurch Eheleute entweder
mit dem hertzen / oder aber auch mit dem leibe
möchten von einander getrennet werden.

Da möchte einer sagen / so dis wörtlein alle Eheleut betrifft / das sie bis in Todt
beysammen wohnen sollen / so wird gar keine
Ehescheidung gelten / vnd wird keine vrsache
sein / darumb Eheleute köndten gescheiden
werden / Was wollen wir dann von Moses
Scheidebriffe halten? Antwort.

Was

Was Moses scheidebrieff belanget/
so wissen wir/ wie Christus der Herr solches
auffgehaben/ vnd wider zu rechte bracht hat/
Matth: 19. Da er saget/es sey von anfang
nicht also gewesen / sondern jr zwey sind ein
fleisch gewesen/ vnd bis in todt blieben / der=
wegen dürffen wir vns heutiges tages vmb
Moses Scheidbrieff nicht bekümmern.
Was aber heutiges tages betrifft die vr=
sachen / vmb welcher willen Eheleut können
beim leben von einander geschieden werden/
so finden wir derselben zwo. Eine/ die vnser
lieber Herr Christus selbs gestattet/ Nem=
lich Ehebruchs halben / da eins gegen dem
andern seiner Ehelichen pflicht vorgist/wird
außfellig/Da dieser Ehebruch öffentlich am
tage vnd klerlich zuerweisen ist / so wird der
schüldige theil für todt geachtet / vnd jhme
das leben abgesprochen / da jhme aber von
der Obrigkeit das leben geschenckt wird/
vnd das vnschüldige wil sich nicht vorsünen
lassen / da hat dasselbige vnschüldige theil
macht/ vnd ist jhme von Christo erleubt sich
anderweit zuuorehelichen. Das ist eine vr=
sache/die in dem wörtlein : Bis in Todt:
eine exception machet.

Die andere vrsach/vmb welcher willen
Eheleute noch bey beider leben können gescheiden werden / die gestattet S. Paulus/
vnd heist Desertio, Wenn eins vom andern
leufft one vrsache / bleibt aussen etliche jar/
vorgist aller Ehelichen trewe/weis niemand
wo das vorlauffene theil ist/ ob es beim leben
oder todt ist / da wird 1. Corinth: 7. von
S. Paulo auch die Ehescheidung gelas-
sen/etc. Ausserhalb denen zweien fellen/fin-
den wir nichts in Gottes Wort / das dieses
wörtlein : Bis in Todt : zwischen Eheleuten vorhindern vnd auffheben solte/dann
ob wol Naturalis impotentia, Natürliche
vntüchtigkeit auch die Ehe scheidet/so ist doch
jr Divortiam nicht für eine Ehescheidung/
Sondern für eine offenbarung ihres vn-
uormögens zuachten. Aber da müssen wir
in denen zweien fellen des Ehebruchs vnd
weglauffens weißlich handeln/vnd vns aller
vmbstende gar wol erkunden / ehe dann eine
Ehescheidung wird fürgenommen. :

Die Heiden vnd Jüden haben des
Scheidebrieffs greulich gemißbraucht/wie
auch noch die Türcken thun. Wenn es bey
den Heiden einem gefiel / das er wolte von
seinem

feinem Weibe los sein / vnd eine andere ha=
ben / da hatte ers macht / sie von sich zustos=
sen / Es trug sich auch wol zu / das einer mit
einem Practicirete / das er sein Weib von
sich sties / vnd nam es der andere / wie Hor=
tensius den Catonem batt / das er seine
Martiam von sich thete / die nam Horten=
sius / vnd als er gestarb / nam sie der erste
Mann Cato wider zu sich / das waren treff=
liche leichtfertigkeiten / die wider die einsetz=
ung des heiligen Ehestandes streiten / Da
heist es Mann vnd Weib sollen beysammen
wonen: Bis in Todt: Es were dann /
das ein theil einen Ehebruch begienge / da
das ander theil sich nicht wolte lassen versü=
nen / vnd es wider annemen / oder aber / da
eins das ander schendlich vorliesse / vnd von
im lieffe. Dann ob es wol in keines Men=
schen gewalt stehet / das bant der Ehe auff=
zulösen / wie Christus sagt: Matth: 19.
Was GOTT zusammen füget / sol kein
Mensch scheiden / Jedoch trennen dieses
bant / ein Ehebrecher vnd wegleuffer wider
Gottes willen / vnd sündigen erschrecklich
wider die wörtlein: Bis in Todt.

Das sollen alle Eheleutlein vleissig behertzigen/ das ir zwey nach Gottes willen beysammen im Ehestand wonen sollen / so lange als sich ir leben erstreckt/ vnd sollen ja bedencken / das der Mensch grewlich wider Gottes ordnung sündiget/ der entweder mit Ehebruch oder weglauffen zur Ehescheidung vrsach gibt.

Item / da mus man nicht bald aus blossem argwon vnd bösem vordacht eine des Ehebruchs zeihen. Man mus auch den nicht für einen Desertorem vnd wegleuffer halten / der seines amptes oder gewerbs halben weg zeucht/ oder durch Herren gebot hat weg ziehen müssen/in Krieg oder anders wo. Item / der mit wissen vnd willen seines Weibes hinweg zeucht/etc. Sondern der da one alle vrsach von seinem Weibe leuffet vnd nur aus mutwillen vnd boßheit aussen bleibt/ hat keinen sinn wider zukommen/wie offte geschicht/ solchs sind gemeiniglich auch Ehebrecher oder Ehebrecherin. Solche hendel gehören für die verordneten Consistoria. da mus man sich der hendel recht erkunden/Es sol niemand sein eigener Richter sein wider einen andern/sondern da man

wil

wil ein vrteil wider einen haben / mus zuuor
die vbertrettung beweiset / vnd als dann erst
durch einen ordentlichen Richter das vrtheil
gesprochen werden.

Das sage ich darumb/dann es tragen
sich wol solche hendel zu / das offte einer seines Weibes / oder eine jhres Mannes gerne
los were / vnd weil sie es sonst nicht anders
schaffen können / erdencket eins auff das
ander allerley vbels / bezichtiget eins das
ander Ehebruchs halben / es legt es eins offt
dem andern so feste mit hunger/mit schlagen
vnd blewen / das bißweilen eins nimmer
erdulden kan / leufft dauon/vnd machet sich
bißweilen aus noth vordechtig / da gedenckt
das ander theil / es habe nu gewonnen spiel/
vnd habe zur Ehescheidung guten fug vnd
vrsache. Aber da sind wie gesagt/ Geistliche
Richter verordnet / die müssen mit grunde
berichtet werden / vnd ob man dieselben be-
treugt / vnd ein vrteil der Ehescheidung er-
langet/so gedencke man das Gott sich nicht
betriegen lasse.

Da jr nu gehört habt in welchen fellen
Ehescheidung zugestatten / so sollet jr auch
lernen / was mit dem vnschüldigem teil fürzunemen

zunemen sey/ ob auch dem theile erlaubt sey
sich wider zuuorehelichen.

Der Babst wil auch dem ——
gem theil nicht gestatten sich wider ——
ehelichen / sondern es solle one E——
bis das schüldige theil mit tode abgeh——
trenn dis sein solte / so were es ein Dio——
um nomine, non re. Vnd was w——
von nöten gewesen das Christus d——
des Ehebruchs hette außgenommen —
das vnschüldige theil des entgelten fol——
Aber da wissen wir / das dem vnschüldigen
theile erleubet ist / sich wider zuuorhetrat——
wie auch solches alte exempel außweisen.
S. Hieronymus setzt eine Histori von einem ehrlichen Weibe zu Rom Fabiola ge-
nant/ Diese hat einen Mann gehabt der ein
Ehebrecher / vnd sonst eines bösen lebens
war / sie hat sich von ihme getheilet / vnd
einen andern genommen / Da sehen wir
dennoch/ das auch zur selbigen zeit dem vnschüldigen theil die ander Ehe erleubet ist.
Vnd der alte Lehrer Origenes vber den
Mattheum Cap: 19. zeuget dauon weiter.
Dis müssen wir vnsere Pfarrkinder berichten / damit sie nicht vmb geringer vrsachen
willen

willen dis wörtlein: Bis in Todt:
vergessen / vnd sich von einander zuscheiden vornemen.

Es sollen aber E. L. auch lernen/denen
begegnen / die etwan vmb einer kranckheit
willen / oder vmb zancks vnd vneinigkeit
willen sich von jhren Ehegenossen zuscheiden gedencken / wie etwa von einem grossen
Herrn in einem solchem fall eine newerung
fürgenommen worden / der vmb kranckheit
willen seines Gemahls jhme eine andere
zum Eheweibe hat geben lassen / etc. Dann
was für kranckheiten sich zwischen Eheleuten zutragen mögen / sie sind vnd heissen wie
sie wollen / so sind sie doch nicht krefftig / die
Ehe zuscheiden. Dis / ob es wol viel geredt
ist / so ist es doch eigentlich also / Dann
das ist die höchste freundtschafft auff Erden / wenn einer dem andern in nöhten
mit raht vnd hülffe beystehet / vnd ein
freundt den andern im Creutz nicht verlest. Nu ist aber zwischen Manne vnd
Weibe die höchste freundschafft / die auff
Erden mag genennet werden / so lange die
durch Ehebruch nicht getrennet wirdt / darumb sol auch eines das andere in keiner

kranck-

kranckheit noch widerwertigkeit vorlassen/
sondern alda fürnemlich die rechte freundschafft scheinen lassen gegen dem krancken
theil / wie auch eins dem andern gelobt / das
sie in Creutz vnd trübsal beysassen stehen/ vñ
eins das ander nimmermehr vorlassen wolle.

Was ist dis für ein vbelstand/ wenn
man eines guter freundt ist / weil es jhme
wolgehet/ wens jhme vbel gehet/ so thut man
als kennete man jn nicht mehr / wie viel eine
grössere schande ist dieses / wenn offt zwey
Eheleute guts miteinander gelidten / vnd
Kinderlein miteinander gezeuget haben/
wenn etwan eine kranckheit kömpt / wollen
sie sich scheiden/ etc.

Eheleute sind also gegeneinander vor-
bunden/ das sie guts vnd böses miteinander
leiden sollen/ vnd sol eins dem andern behülff-
lich erscheinen. Vnd wie die Eltern krancke
vñ besudelte Kinder nicht balde wegwerffen/
also sol ein Eheman sein kranckes Weib/
ein Weib jhren Mann vmb kranckheit
willen nicht vorlassen. Dann darumb hat
Gott eine solche gemeinschafft im Ehestande gemachet / das eins des andern hülffe
vnd beystandes sich habe zutrösten. Dis sol
man

man mercken/dann jr viel werden im Creutz
vngedůldig/vorgessen ihrer Ehelichen trewe/
vorlassen ihren Ehegenossen / die sündigen
wider Gott vnd seine ordnung.

Das nu etliche sagen/Außsetzige personen sind den todten gleich zuachten / darumb mag einer von einem solchen Ehegemahl geschieden werden/etc. Das ist zu
Tyrannisch geschlossen / dann todte leute
bedürffen anderer leute hülffe nichts/ Weil
aber solche leute noch hülffe bedürffen / so
sind sie nicht todt / Sie sind noch mit dem
gesunden teil ein fleisch / vnd von solchen
lautet dis wort S. Pauli/Ephe: 5. Niemand hat jemal sein eigen fleisch gehasset/
sondern ernehret es / vnd pfleget sein / wie
Christus die Gemeine. Wenn Christus
als vnser Breutigam vns vorlassen vnd
vbergeben solte/ wenn wir franck vnd arme
Sünder weren / wie offte müssen wir von
jhme geschieden sein/etc.

Wie aber wenn zanck vnd zwitracht
zwischen Eheleuten einreist/ solte
da auch kein Ehescheidung
fürzunemen sein?

N v   Antwort/

Antwort. O nein / dann kein zweiffel
ist / Adam vnd Eua werden auch nicht stets
in einem stalle gestanden / oder einig gewesen
sein / es wirdt eins dem andern dieses vnd
jenes auffgerückt vnd fürgeworffen haben /
Noch dennoch sindt sie Eheleut blieben.
Darumb ist solche vneinigkeit auch noch
keine vrsach zur Ehescheidung.

Vnd ob eins diesen / das andere einen
andern gebrechen an sich hat / darumb bißweilen eins vom andern loß zu werden be-
gert / so ists doch vorgebens / vnd sol eins
dem andern seine gebrechen zu gutte halten /
vnd bedencken / das es auch bey den aller-
heiligsten leuten im Ehestande nicht alwege
one zanck vnd widerwillen abgangen ist /
die es doch mit gedult verschmortzen haben.
Derhalben sollen Eheleutlein jnen Gottes
befehl einbilden / das sie bis in Todt beyeinander wohnen sollen. Item / diese Lection
S. Pauli da er sagt / es sey des HERren
wort / das sich Mann vnd Weib nicht
scheiden sollen / vnd sollen dencken / wie man
singet : Hastu mich genommen / so mustu
mich haben / es sey dir lieb oder leidt / etc.

Der

Der ewige barmhertzige Gott wolle
aller Eheleutlein hertzen durch seinen heiligen Geist erleuchten / das sie das bant der
Ehe vnzertrenlich erhalten / vnd in rechter
liebe vnd freundschafft ihr leben / bis in
Todt zubringen mögen /
A M E N.

Die Siebende
Predigt von dem
wörtlein /

Sünde zu meiden.
I. CORINTH: VII.

Von deme ir mir aber geschrieben habt / antworte ich. Es ist dem
Menschen gut / das er kein Weib
berüre / Aber vmb der Hurerey willen / hab ein iglicher sein eigen
Weib / vnd eine igliche habe ihren
Mann.

Gelieb-

Eliebten im Herrn / Nach d001 es
sie billich vnd recht ist / das ein jeder
Mensch seines Standes vnd Beruffes halben diesen bericht habe / das er
wisse / von weme derselbige geordnet vnd eingesetzt sey / Ob er auch GOtte gefalle / vnd
warumb solcher standt sey geordnet worden /
so ist dieses trawn am allermeisten denen
zuwissen von nöten / die sich in heiligen Ehestand begeben wollen / oder albereit darinne
leben / auff das sie in so mancherley Creutz /
so dieser stand mit sich bringet / wissen / von
weme solches herkomme / vnd wie sie darinne
sich vorhalten sollen / damit sie GOtte dem
Allmechtigen gefallen. Derhalben habe
ich für mich genommen bey ehrlichen Kirchgengen die Definition des heiligen Ehestandes in Hochzeitpredigten zuerkleren / daraus
Eheleute solches alles lernen könten / was ir
stand were / von weme er geordenet / vnd warumb er eingesetzet were / Dann also lauten
die wort derselben Definition: Der Ehestand ist eine Zusammenfügung
eines Mannes / etc.

Solche

Solche beschreibung haben wir nu
ordentlich von worte zu worte nacheinander
erkleret/ vnd sind kommen / das wir bey diesem Christlichen Kirchgange sollen die
Causas finales anzeigen / warumb GOtt
den heilig.n Ehestand vnter dem Menschlichen geschlechte eingesetzt habe/was jn dazu
bewogen habe / Vnd ob wol derselben vrsachen etliche anzuzeigen sind / so haben wir
doch die fürnemsten zwo nur angezogen:
**Sünde zu meiden/ vnd früchte zu-
bringen :** Welche nu von vns erstlich
sollen erkleret werden/ wenn wir solche zwo
außgeleget haben / wollen wir jr noch drey
hinzu setzen / auff das jr ja erkennen möget/
das Gott nicht one vrsach solch vorbündnis
zwischen zweien personen angerichtet / vnd
so steiff vñ feste wil gehalten haben/ Nemlich
das wir aus dem Ehestande erkennen sollen/
wie Gott ein keuscher Geist sey/also wolle er
in keuscher liebe im Ehestande auch geehret
werden.

Darnach / auff das der Mensch in
seinem glück vnd vnglück einen rechten gesellen hette/ der jhme gutes vnd böses hülffe
tragen/

tragen/ Letzlich/ das wir im eufferlichen
Eheftande ein bildnis hetten der Geiftlichen
vorbündnis des HERREN Chrifti/
mit vns armen Sündern/ da er fich einen
Breutigam/ vnd feine Kirche eine Braut
vorgleichet.   Mit erklerung diefer erzelten
fünff vrfachen/ werden wir noch etliche
Predigten zubringen müffen. Heute follen
E. L. die erfte vrfach hören außlegen/ warumb dann Gott den Eheftandt eingefetzt
habe/ Nemlich: Sünde zu meiden:
Aus welcher vrfache ir werdet hören/ wie
es nicht alleine erleubet/ fondern auch befohlen fey allen Menfchen/ fo die gabe nicht
haben/ one Ehe keufch zuleben/ fich in Eheftandt zubegeben/ auff das der Sünden
gewehret/ vnd Gottes zorn vorhütet möge
werden.   Ja ir werdet hören/ das GOtt
allen Chriftlichen frommen Eheleuten ge-
neigt/ vnd dagegen der Sünden/ als der
Hurerey vnd vnzucht feindt fey: Dauon
wollen wir dißmall E. L. berichten.

Wir haben geliebten im Herrn zum
text diefer Predigt vorlefen die wort des
heiligen Pauli/ fo er an feine lieben Co-
rinther

einher geschrieben / darinne er nicht alleine
den Eheſtandt gemeine macht / welchen er
niemande vorbeut / ja jedermanne erleubet /
ſondern darinne er auch die eine vrſache
ſetzet / warumb GOtt den Eheſtandt verordnet habe / Nemlich Hurerey zuuermei-
den / dann als zu Corintho die diſputation
für fiele / das man etlichen den Eheſtandt
vorbieten vnd weren wolte / wie man noch
heutiges tages vnterm Bapſtumb den
Kirchendienern vnd Schuldienern ſolchen
nicht erleubet / ſo laſſen etliche ſolche frage an
S. Paulum jhren geweſenen Pfarrherrn
gelangen / der berichtet ſie alſo / das er
ſagt: wenn es möglich were / das wir
Menſchen one vorletzung vnſerer gewiſſen
vns köndten in keuſchheit halten / ſo were es
gar gut / das einer ſich des Eheſtandes
euſſerte / aber ein gut gewiſſen zuerhalten /
vnd die Sünde zu meiden / ſo ſey es jedermanne erleubet / den heiligen Eheſtandt an-
zufahen / vnd vmb des willen mag ein jederman ſein eigen Weib / ein jedes Weib jhren
eigenen Mann haben.

Aus dieſer ſchrifftlichen antwort des
heiligen Pauli hören E. L. je klerlich
vnd

vnd deutlich/das der Ehestand ein gemeiner
stand sey/ jedermanne erleubet/ Niemande
verbotten/ one denen/ welche Christus selbst
Matth: 19. dauon außschleust. Vnd weil
wir leider alzumal mit böser lust vnd begierde vorgifftet/so habe Gott auch diesen stand
zur gemeinen artzney verordnet/ zu stewren
vnd zu weren aller vnzucht vnd vntugent/
vmb welcher willen Gott offte grewlich sich
erzürnet/ vnd Land vnd Leute gestrafft hat.
Damit nu jederman für der Sünde sich zu
hüten hette / vnd solcher straffe entfliehen
möchte/so hat GOtt zu sonderlicher ertzney
den Ehestand verordnet / wie der Magister
Sententiarum hierinne fein mit S. Paulo
stimmet da er sagt: Coniugium institutum
est in paradiso ad officium, post peccatum
autem ad remedium quoq̃. Das ist/ Der
Ehestand ist im Paradeis eingesetzt dem
Menschen zum dienste/ aber nach dem fall
auch zur ertzney. Also sehen wir / das der
Allmechtige GOtt / der ewige brunn aller
Weißheit/heiligkeit vnd güte/den Ehestand
im Paradeis eingesetzt/vnd die vormehrung
des menschlichen geschlechtes von den aller
heiligsten leuten / welche noch in reiner vnschuld gewesen/hat haben wollen.   Ob

Ob nu wol nach dem Falle/böse grewliche verbottene lüste vnd vnkeuschheit im
Menschen entstanden / wie dann der gantze
Mensch jnwendig vnd außwendig grewlich
vorgifftet ist / so hat doch Gott vmb solcher
vorterbten Natur vnd verbottenen begierde
willen den Ehestand nicht auffheben / oder
jme mißfallen lassen wollen/ sondern nu erst
dem Menschen viel nötiger geachtet. Sintemall er zuuor im Stande der vnschuldt
den Ehestandt fürnemlich zuuormehrung
der Menschen / jtzundt aber nicht allein zu
solcher vormehrung/sondern auch zu dempffen die entstandenen angebornẽ bösen lüste/
vnd also zuuormeiden Hurerey / daneben
Gottes liebe gegen vns Menschen zuerken-
nen/nötig vnd dienstlich geachtet.

Daraus haben heute alle fromme
Christliche Eheleute einen gewissen herrlichen trost zufassen/das sie wissen / sie leben
in einem stande der Gotte angenem ist/wel-
chen er selber verordnet hat/ dem Menschen
zu seinem besten/ vnd hat vber solcher seiner
ordnung bißher also gehalten/das man klerlich draus spüren kan/wie Gott denen Eheleuten geneiget ist/ die ehrlich vnd züchtig in

O   jhrem

ihrem Ehestande leben/dagegen wie er allen
denen feind ist / die inn vnd ausser dem heilligen Ehestande ir gewissen mit sünde der
Vnzucht / Hurerey vnd Ehebruchs beste-
cken / Dann weil Gott erleubt vnd befielet
allen Menschen den Ehestandt / so wil er
mit hülffe / trost / vnd segen bey denen sein/
die zuuormeidung der Sünden solches
standes brauchen. Dagegen aber sollen
sich die alles zorns gegen jhme vorsehen/
die inn oder ausserhalb des Ehestandes mit
Sünden wider das sechste Gebot sich vor-
unreinigen. Vom Segen vnd allerley
herrlichen vorheischungen frommer Ehe-
leut/ haben wir in heiliger Schrifft viel
zeugnis vnd exempel / Wie dann der 128.
Psalm allein zeugnis gnug ist/ darinne der
heilige Geist alle fromme Eheleute tröstet/
Wol dir/ du hast es gut/etc.

Item der 127. Psalm/darinne er jhre
Haußhaltung vnd Kinderlein für Gottes
sondere gabe rühmet/etc. Aber weil Gott
den Ehestandt darumb verordnet hat/ wie
vnsere Definition meldet: Sünde zu
meiden: So haben wir leichtlich daraus
zuermessen/ das Gott mit denen nicht zufrieden

frieden sein wil/ die solche ordnung Gottes verachten oder lestern/ vnd dagegen
der verbottene Sünden sich vleissigen/
derer leut sinden wir gar viel/ als erstlich
das Junge Tolle Freche Gesinde/das den
Ehestandt für ein schweres vntregliches
Leben achtet/ vnd lest jhme immer mehr
gelieben das freie vngefangene leben ausserhalb der Ehe/ Daher sie solches jren bösen
lebens etliche sprüchwörter haben/ als/ Sie
mögen nicht vmb eines Baums willen
einen gantzen Walt vbergeben/etc. Aber
Gott wil seiner nicht spotten/ vnd seine ordnung nicht verachten lassen/ Er wil solchen
spot vnd verachtung zeitlich vnd ewiglich
rechnen/ wie baldt hernach wird folgen.

Darnach finden sich auch andere die
im Ehestande sindt/ vnd doch nichts desto
weniger die sünde nicht melden/ sondern
treiben/ wie dann ohne zweiffel leider alhie
derer Exempel viel sindt/ Aber man darff
es solche leute nicht zeihen/ bis GOTT sie
eins theils selbs offenbaret/ vnd zuschanden
machet. Man findet bißweilen leut/die gemeinschafft miteinander haltē/ im schein der
Nachbarschafft/Es lest sich aber ansehen/

als würden andere Sünden vnter solcher gemeinschafft getrieben. Wir können nicht mehr thun / dann das wir jhnen sagen / sie sind darumb in Ehestand getretten: Sünde zu meiden: Werden sie aber vnterm namen des Ehestandes sünde treiben / vnd sich nicht des halten / was S. Paulus hie Mann vnd Weib vormanet / so mögen sie jr ebentewer darumb stehen / Gott wird jhnen gros gnug zum spotuogel sein. Letzlich sind etliche / die nicht aus frechheit / sondern aus lauterer heiligkeit den Ehestand lestern / vnd sich für Geistliche leute darumb rühmen / weil sie des Ehestandes müssig gehen / vnd vnter des allerley Sünde / Schande vnd laster sich vleissigen / als da sind die Ehelosen Papisten / die dis weren / was Gott erleubet vnd befielet / vnd dis vordammen / was Gott segnet / ja jhren Ehelosen standt für einen Engelischen stand rühmen / O leiber des Engelischen lebens / das mit solchen Sünden geführet wird. Da der Teuffel ein Engel ist / so mag dieses auch ein Engelisches leben gerühmet werden / Sehet lieben Freunde / wie noch heutiges tages jr viel sind / die nicht gedencken wollen / das Gott den

Ehestand

Eheſtand darumb eingeſetzt hat/die Sünde
zu meiden / ſondern meinen / ſie mögen inn
oder auſſer dem Eheſtande ihre Sünde vnd
ſchendlichs leben treiben.

Höret aber/ was GOTT an ſolchen
leuten/vnd ihren Sünden für einen gefallen
habe/Gleich wie er fromme Eheleut ſegnet/
alſo ſtraffet er dagegen alle/ die wider ſolche
ordnung Gottes ſündigen.

Es ſind Gelerte leute / die haben groſſe
Bücher dauon geſchrieben/ Vnd durch alle
vier Monarchien exempel geſetzt / wie Gott
alle ſchender vnd vorechter des Eheſtandes
grewlich geſtraffet hat / da mögens E. L.
weitleufftiger leſen / itzund iſt gnug / das wir
euch anzeigen / die gemeinen vnd ſondern
ſtraffen / die GOtt wider Ehebrecher vnd
vnzüchtige hat gehen laſſen.

Gemeine ſträffen ſindt verenderung
der Königreiche vnd Fürſtentümer / Item
zerſtrewung der Völcker durch krieg / blut-
uergieſſen / vnd verwüſtung der Lande.
Item Peſtilentz/ vngewönliche Landſeuchen
vnd kranckheiten / auch vntergang groſſer
gewaltiger Stedte / Zu letzt die vorkerung
Göttliches wortes/ ſampt der ſeelen ſeligkeit.

O iij   Darnach

Darnach finden wir fondere ftraffen/
da GOTT vmb folcher fünde willen für-
neme gefchlechte außgerottet / groffe leute
hat jemmerlich laffen vmbkommen / etc.
Dann daran fol kein Menfch zweiffeln/
GOtt ftrafft auch mit leiblichen ftraffen
vnzucht vnd Ehebruch / vnd wil fie ewiglich ftraffen an allen denen / die nicht buffe
thun. Daher S. Paulus Heb: 13. fagt.
Scortatores & adulteros indicabit Deus.
Lefet daheime etliche exempel / als vnter den
vrfachen darumb GOTT die Sindflut
gefchickt hat / werden fonderlich auch erzelt
die Sünden wider das fechfte gebot. Sodom vnd Gomorra ift vmb folcher fünden
willen / durch Schweffel vnd Fewer vortilget. Nume: 25. Heift Gott etliche Fürften
hengen/vmb getriebener vnzucht willen/mit
den Moabitifchen Weibern.

Es ift fchier der gantze Stam Benia-
min vertilget worden / vmb der fünde wil-
len/ die etliche mit eines Leuiten Weibe getrieben. O wie mus der König Dauid fo
mancherley ftraffen diefer begangenen fünde halben erfahren / an jhme vnd feinen
Kindern/etc.

Die

Die tegliche erfarung bezeuget / das
offte ein gantz geschlechte solcher sünden
halben vntergehet. So ist dis je auch au=
genscheinlich / das solche leute gar vorblen=
det vnd verstocket werden / die keine Sünde
erkennen noch fülen / gehen jhren Sünden
nach / so lange / bis sie zeitlich vnd ewiglich in
spot / schande vnd straffe fallen.

Dieses lasset vns heute vleissig beden=
cken / was ist es doch für ein erbermlich vnd
elend leben / vmb solcher leut leben / die in
solchen sünden leben / sie haben GOtt vnd
alle erbare leute zu feinden / sie werden von
ehrlichen leuten verspottet / vnd obs schon
eine zeitlang one spot vnd schande oder
straffe hienaus gehet / es findet sich doch
entlich wol.

Derhalben mögen sich billich alle die
trösten / so im Ehestande sind / oder darein
sich noch begeben wollen / dann sie sind in
einem stande der Gotte wolgefelt.

Sie mögen auch die vrsach bedencken /
darumb jnen GOtt solchen stand eingesetzt
hat / das sie Sünde sollen meiden /
allen vnordentlichen lüsten stewren vnd we=
ren / vnd in ehelicher liebe vnd trewe bey jrem

O iiij　　Ehegemahl

Ehegemahl wohnen. So sollen sie sich zu
Gotte auch alles segens vnd wolfart vorse-
hen/Vnd ob bißweilen inn jhrem Ehestande
Creutz wird mit vnterlauffen / so sol jhnen
doch solchs leichte werden / vmb des willen/
das jr gewissen wolstehet mit Gotte.

Da nu der Teuffel fromme Eheleute
etwan bewegen wolte/jhrer Ehelichen trewe
vnd pflicht zuuorgessen/vnd sich am sechsten
gebot Gottes zuuorgreiffen/so sol ein Christ
als baldt sagen / dafür behüte mich mein
Gott/ Jch dancke jm von hertzen/ der mich
zum Ehestande beruffen hat / vnd hat mir
den erleubet/nicht Sünde zutreiben/sondern
Sünde zu meiden.

Der Allmechtige Gott vnd Vater
vnsers HERREN Jesu Christi wolte
seine Göttliche ordnung des Ehestandes
gnediglich erhalten / vnd dagegen stewren
vnd wehren allen Teuffeln vnd Menschen/
die dieselbige mit allerley vnreinigkeit wollen
beschmeissen/vnd wolle Braut vnd Breutigam zu jhrem Ehestandt gnad vorleihen/
das sie in rechter Ehelichen liebe/mit friede
vnd einigkeit beysammen wohnen
mögen / Amen.

Die

Die Achte Predigt von dem wörtlein/

Früchte zubringen.

GENESIS I.

Gott segnete Adam vnd Euam/ vnd sprach / Seiet fruchtbar vnd mehret euch/ vnd füllet die Erden/ vnd machet sie euch vnderthan/ vnd herrschet vber Fische im Meer/ vnd vber Vogel vnter dem Himmel/ vnd vber alles Thier / das auff Erden kreucht.

GEliebten im HErrn/ Wir sind in erklerung der Definition des heiligen Ehestandes kommen bis auff die Causas finales, Warumb vnd wozu Gott den Ehestand habe eingesetzet / Derselben/ob jr wol mehr sind/ haben wir jr doch

O v   nur

es Gott mit dem Menschlichen geschlecht
so gut gemeinet hat/ in dem er den Eheſtand
zur ertzney wider alle vnzucht verordnet/
vnd eingeſetzt hat. Da haben wir widerlegt
allerley jrrthumb/ ſo wider dieſe heilige ordnung Gottes ſich funden/ als der Encrati-
ten/ die den Eheſtand verbotten/ leſterten/
Hurerey aber trieben/ vnd förderten. Der
Papiſten/ die den geiſtlichen den Eheſtand
verboten/ Item/ der Münche/ die da lehreten/
wer Ehelich were/ der köndte nicht ſelig werden. Item/ der Juriſten die da lehren
Simplicem ſcortationem non eſſe peccatum. Item derer/ die keuſchheit geloben
wider jhr vermögen. Dieſes alles zuuor-
hüten/ hat Gott den Eheſtandt eingeſetzt/
vnd die auſſer dem Eheſtande ſich in ander
wege beflecken/ ſie ſindt Mann oder Weib/
Geſelle oder Jungfraw/ Geiſtlich oder
Weltlich/ die haben dis vrteil zugewarten:
Scortatores & adulteros iudicabit Deus.
Vnd

Vnd kein Hurer wirdt ins Reich Gottes
kommen. Itzundt folget die ander vrsache/
warumb GOTT den Ehestandt hat ein-
gesetzt/ Nemlich/ Früchte zu bringen.
Dauon wollen wir dißmall handeln.

GOTT der Allmechtige hat den
heiligen Ehestandt dazu fürnemlich einge-
setzt/ das man darinne fromme Kinder
aufferziehen solle/ ihme zu ehren/ vnd der
Christenheit zu gute. Dann nach dem der
Satzan vom Himmel gestossen/ vnd viel
Himlischer Geister mit sich gezogen hat/
will GOTT solchen fall vnd schaden
durch den Menschen erstattet/ vnd den
Himmel wider erfüllet haben/ Schuff
derhalben Adam vnd Euam nach seinem
bilde/ gab sie/ als der erste Priester zusammen als Eheleute/ vnd sprach den
Segen ober sie/ Seiet fruchtbar vnd mehret euch/ vnd füllet die Erden/ etc. Es ist
GOTTE vmb fromme Kinder zuthun/
daburch er den schaden der gefallenen
Geister möge erstatten. Solche Kinder
aber wil er in der Ehe erzogen haben/
nicht in Ehebruch oder Hurerey/ dann im
Buche

Buche der Weißheit am 3. Capitel stehet:
Die Kinder der Ehebrecher gedeien nicht/
vnd der same aus vnrechtem Bette wird
vortilget werden / vnd was aus Hurerey
gepflantzet wird / das wird nicht tieff wur-
tzeln/ noch gewissen grund setzen. Dann die
Kinder / die aus vnehelichem beyschlaff gezeuget werden / die müssen zeugen von der
boßheit wider die Eltern / wenn man sie
fraget.

Der segen / welchen Gott vber die ersten
Eheleut gesprochen hat / ist nicht anders/
dann wie ein qualbrunn/daraus das gantze
Menschliche Geschlechte herfleust/ vnd erstreckt sich nicht allein in gemein auff alle
Eheleut / sondern auff ein jedes pahr Ehe-
volck insonderheit/ denen sagt GOtt nach
diesen segen / das er sie darumb zum Ehestand hab kommen lassen / das sie nach seinem willen Kinderlein bringen/ vnd aufferziehen sollen. Vnd damit mans je für
GOttes segen halten müsse / so schaffets
Gott also / das etliche Eheleut fruchtbar/
etliche vnfruchtbar sind / vnd solcher segen
nicht bey Menschen alleine stehet. In summa GOtt wil mit diesem segen anzeigen/
das

das er darumb den Ehestand verordnet
habe / das daß Menschliche geschlecht durch
dis mittel solle außgebreitet werden. Es
hette zwar Gott wol andere mittel zur auß-
breitung des Menschlichen geschlechts
brauchen können / er hette sie können lassen
aus der Erden/oder auff dem beumen wachsen lassen / etc. Aber er hat vns alzumal
durch einerley mittel wollen lassen geboren
werden / auff das dadurch desto grössere
einigkeit erhalten würde / vnd eins das andere desto lieber für sein eigen fleisch erken-
nete vnd liebete.

Mercket aber / das Gott solchen segen
zu Adam vnd Eua sagt/ da sie sind Ehelich
worden/ vnd sagt jn nicht zu andern Menschen in gemein / das er durch vnordentliche
brunst vnd liebe wolte das Menschliche
geschlechte außgebreitet haben / wie das
Vieh. Sonder durch das bant der Ehe/
Er hat nicht wollen vrsach geben zur vnzucht / sondern dieselbige zu meiden / vnd
Gott wolgefellige früchte zubringen / hat
er einem jeden erleubet sein Ehelich Weib
zu haben.

Es

Es hat jme GOTT der Allmechtiger durch den heiligen Ehestandt im Menschlichen geschlechte einen Wald zeugen wollen / daraus er jme allerley beume köndte erwelen / wozu er die gebrauchen wolte / Da nimpt er aus diesem Walde einē baum zum Weltlichem Regiment / dorte einen zum Geistlichen Regiment / einen zu diesem den andern zum andern Ampte / vnd wenn er einē hat vmbgehawen / so wechst ein anderer hernach / das also dieser Wald nicht abgetrieben wird / weil die Welt stehet. Vnd das ist zumal herrlich / das Gott in diesem Walde viel herlicher Beume hat / die er jhme zum ewigen Himlischen bawe außhelt / dann er lest von Menschen geboren werden / die jn im Himmel ewiglich preisen sollen. Er hat aber auch in dem Walde viel dürrer vngeschlachter beume / die ins Hellische Fewer zu brenneholtz gehören. Wol denen Eltern nu die in solchem Walde des heiligen Ehestandes Gotte dem Allmechtigen seine gerade beume schneiteln / hegen vnd außhalten / derer er zu seinem Himmelischen bawe möge gebrauchen / das ist / die jhre Kinder also aufferziehen / das Gottes Reich

durch

durch sie gemehret vnd außgebreitet werdē/
vnd das viel Bürger vnd einwoner des
Himmelreichs erzogen mögen werden.
Es sollen Christliche Eltern Gottes Forst=
meister sein/die jhme seiner Sommerlatten
warnemen/das sie zu seinem lobe auff=
wachsen mögen. Dann one solchs auff=
sehen der Eltern/werden sie leichte krum
vnd vngeschlacht werden. Etliche weise
leute vnter den Heiden/haben die nicht
leiden wollen/so nicht im Ehestande lebetē/
welche sie ἄγαμουσ nenneten/Sondern ha=
ben auch sondere straffen auff sie verordnet.
Wiewol es aber zu viel vnd nicht recht ist/
das sie die leute haben also zum Ehestand
zwingen wollen/sintemal er frey sein sol/so
haben sie doch fein dadurch angezeigt/wie
ehrlich sie den Ehestand gehalten/vnd wie
grossen fleis sie angewant haben/den gemei=
nen nutz mit viel Bürgerschafft zu mehren.

In etlichen Policeien hat ein Bürger/
darnach er viel Kinder gehabt/sonderliche
freiheiten gehabt. Haben nu die Weltwei=
sen leute/so gros geachtet einer Sadt auff
dieser Erden/viel Bürger nach sich zulassen/
wie viel höher ist zuachten/wenn man im
heiligen

heiligen Ehestande Bürger vnd einwoner
gibt der Himlischen Stadt / da wird als
dann geschehen / nicht wenn man sie in die
Klöster stöst / wie vnterm Bapsthumb / Nicht /
wenn man nur dencket / wie man jhnen viel
Gelt vnd Gut lassen möge / sondern wenn
man sie in heiliger Christlicher Lehre vnterrichtet / vnd zu bequemer zeit in Ehestandt
setzet. Es ist wol war / Kinder gerahten
nicht alzeit wol / wie sie die Eltern lehren
vnd vnterweisen / Es werden auch wol zu
zeiten Hellische Bürger aus frommer Leut
Kindern. Wenn aber Eltern das jhre thun /
so jhnen zustehet / vnd sparen keinen vleis /
so rechnet jhnen Gott der Kinder Sünde
vnd Gottloß wesen nicht zu. Wo aber die
Eltern mehr sorge vnd mühe wenden auff
das Vieh vnd die narung / dann auff die
Kindern / vnd lassen den Kindern jhren
willen / vnd werden also die Kinder durch
nachlessigkeit der Eltern Gottlos vnd vn-
geraten / da sterben die Kinder zwar in jrem
Gottlosen wesen / aber jr Blut wird Gott
von der Eltern hendt erfodern. Wie am Eli.
    Derwegen sollen Eheleut diesen segen
Gottes wol bedencken / vnd da jhnen Got,
                                    solchen

solchen segen lest widerfaren / das er sie mit
Früchten des leibes segnet / sollen sie jhres
amptes warnemen / vnd gedencken / das jr
Haus eine rechte Kirche / ja ein außerweltes
Kloster vnd Paradeis sein solle. Item ein
Vater sol gedencken / Sihe / Gott setzet dich
vber deine Kinder zum Babst / Keyser /
Bischoff vnd Pfarrherrn / ja zum Bürger-
meister vnd Richter / das du Gottes Wort
vnd alle erbarkeit vnter jhnen Pflantzen /
vnd das böse straffen solst.

Er machet dich auch zum Spital-
meister / das du in jhrer kranckheit jr fleissig
warten solst / vnd solst dich keine mühe noch
sorge jhrenthalben vordriessen lassen. O
wie eine selige Ehe ist dieses / O wie ein seliges haus / wo solche Eltern vnd Kinder
gefunden werden / da wohnet Gott / da wird
freilich Gott seinen segen geben leiblich vnd
Geistlich / wie der 128. Psalm saget. Ach
HERR Gott wie sind solche Eltern so
seltzam? Wie finden wir der Eltern so viel /
die jhren Kindern in der jugent allen mutwillen gestatten / vnd wenn sie darnach er-
wachsen / sind sie der Eltern Herren / vnd
Junckern / betrüben darnach jhre Eltern /

P   vnd

vnd machen Obrigkeiten zuschaffen / wird
solche nachlessigkeit der Eltern offte mit
schendlichen tode der Kinder gestraffet. Wie
wollen solche Eltern bestehen / wenn sie
Gott am Jüngsten tage wird fragen / Wie
habt jr ewre Kinder erzogen? Wie habt jr
ewere Söne vnd Töchter versorget? Habt
jr auch die edlen Seelen / die ich euch in ewren schos / in ewer fleisch vnd blut gegossen
hab / mir wider vberantwortet? Da wird
als dann an die wort des HErrn Christi
kommen / die er zu den Weibern in seiner
außfürung Lucæ 23. sagt: Selig sind die
vnfruchtbarn / vnd die leibe die nicht geboren
haben / vnd die Brüste die nicht geseuget
haben / etc. Darumb weme Gott Kinderlein
bescheret / der sehe / das er sie deme wider vber-
antworte / der sie gegeben hat.

   Darnach sollen Eheleut durch heutigen text erinnert werden / das Kinder geberen Gottes segen sey / vnd ob solches mit
schmertzen / angst vnd noth zugehet / sollen
doch solche Mütter nicht gedencken / als
weren sie vnglückhafftiger / dann die / so
keine Kinder haben / sondern stets bedencken /
das in GOttes Worte leibsfrüchte vor
Gottes

Gottes segen / für Gottes gabe gerühmet/ vnd also für der Eltern grösten schatz sollen geachtet werden.

Wir lesen von der Cornelia Gracht/ das ein herrlich Weib zu Rom zu jr kam/ die zeiget jr herrliche Kleinoter / schöne Kleider / Ringe vnd Ketten/etc. Vnd batt sie/ sie solte sie wider jhren schatz sehen lassen/ da fürete sie erfür jhre Kinderlein / zeigte die vnd sprach/ Sihe / das ist mein werder vnd tewrer schatz/ zu dem all mein gemüte stehet/ der mich allein erfrewet / vnd mir lieber ist/ dann alle Kleinoter auff Erden.

Dis hat ein Heidnisch Weib gethan/ was solte dann ein Christen Weib thun/ die billich erkennen sol / die grosse ehre / die jr Gott erzeigt/in deme er lest Kinderlein von jr geboren werden / die hernach Landen vnd Leuten nütze / vnd den Eltern ein ewigs lob werden.

Dis darff man frommen Eltern nicht sagen / jr hertz sagts jhnen selbs wol / Aber Gottlose Eltern soltens bedencken / die offte jrer Kinder vorgessen/ für die nichts sorgen.

sich

sich ihrer noth nichtes annemen / das sind
nicht rechte Eltern / es sind rechte Raben
veter / die ihre jungen vorlassen / wie man
solcher vntrewer Eltern viel findet / die da
sehen / wie sie ir maul versorgen / es bleiben
Kinder wo sie wollen.

Gleich wie nu heutiger text den Ehe=
leuten ein trost vnd vnterweisung ist / Also
ist er denen eine straffe vnd vrteil/die solchen
segen Gottes fliehen oder lestern / Als erst=
lich / die vormeineten Geistlichen / die den
Ehestand vorlassen/ vmb des willen/das sie
sagen / sie haben keuschheit gelobet / das ge=
lübde müssen sie halten? Das ist recht/was
man gelobet / das mans auch holte/ Wie
aber solchs gelübte gehalten werde/ wird sie
ir eigen gewissen wol leren.

So ists auch thörlich/das einer etwas
gelobet/das ime vnmöglich ist. Item/Man
sol auch nicht wider Gottes ordnung gelobt/
Die aber dis thun/ begehen zwifache Sün=
de / sie schweren erstlich falsch / wollen Gott
vnd Menschen betriegen. Sie treiben vn=
zucht wider GOttes gebot / mit bösem ge=
wissen. Sie halten ein Theil ihre keuschheit.
das sie Sodomitische vnd stumme Sünden
begehen/

begehen / das wird GOtt nicht vngestrafft
lassen. Sie sagen eins teils / spricht doch
S. Hieronymus : Virginitas replet cœ-
lum : Coniugium vero mundum. Das
ist / Jungfrawschafft füllet den Himmel/
der Ehestand die Welt. Antwort. Contra-
rium verum est. Dann der Ehestand ist
ein Seminarium, eine pflantzung / nicht
allein des Haus vnd Weltregiments/
sondern auch der Kirchen / vnd des Reichs
Christi. Ins Reich Christi gehören sonderlich auch die kleinen Kinderlein / Marci 10.
Welche heuffig im Ehestande geboren/dem
HErren Christo zugetragen vnd getaufft
werden / derer wird man eine grosse anzal
im Himmel finden. Wie thüren denn die
Papisten den Ehestand also schmehen/ vnd
wie wolten sie durch Jungfrawschafft das
Reich Christi bestellen.

Es handeln auch dem heutigem text
zuentgegen / Fürsten / Herrn / vnd grosse
Potentaten/ die sich des Ehestandes enthalten / mit waserley gewissen / sehen sie zu/ das
sie nicht Kinder nach sich lassen / dann sie
haben sorge / sie kriegen Kinder vnd Erben/
das sie jhnen, nicht Güter / Lande vnd
Leute

Leute gnug lassen können / dabey sie jhren
Standt füren möchten. Ja man findet
wol grosse Junckern / die ausser dem Ehestand allerley schand vnd vnzucht treiben /
one alle straffe / dann grosse Herren sind
noch jhrem absterben der nechste erbe zu
jhren gütern / welchs nicht geschehen würde /
da sie im Ehestande solches segens solten
teilhafftig werden. Von einer tugentsamen
Königin sagt man / da zur zeit ein Römischer Keyser zu jr kam / habe sie jre Kinderlein vmb sich her tretten lassen / Als der
Keyser an solcher anzal der Kinder wenig
gefallen gehabt / vnd gesagt hat / auff so viel
Erben gehören viel Lande / etc. Hat sie gesagt / ja es ist war / aber es ist alzeit besser /
zehen Kinder in ehren / dann eins in
vnehren / etc.

　　Was wollen ein mal zu diesem segen
sagen / Bischoffe / Thumherrn / vnd Prela-
ten / die vmb jrer Canonicat vnd Prelaturn
willen sich des Ehestandes enthalten / vnd
halten haus / das es wol besser töchte. Das
heist den Babst mehr gefürchtet / dann Gott /
vnd wird sie ein mal betreffen der spruch /
Ein Knecht / der seines Herren willen weis /
　　　　　　　　　　　　　　　　　　vnd

vnd thut jn nicht / sol mit vielen schlegen ge=
schlagen werden.

Wie wollen endlich auch die Megde
vnd Weiber für GOtte bestehen / die mit
Kreutern vnd Trencken vmbgehen / vnd
solchen segen Gottes vmb eusserlicher schan=
de vnd schmach willen verhindern. Ach
Gott wie wird solch vnschüldig blut gerroch=
en werden?

Es wird auch trawn nicht vngestrafft
bleiben an denen / die sich etwa eines amptes
vnterstehen / als offt vnerfarne Hebammen
sind / die mit jhrer vngeschickligkeit zum töd=
lichem abgang der Leibßfrüchte ein vrsach
sind. Derhalben lieben freunde lassen wir
Gottes segen vns billich gefallen / dancken
jm billich dafür von hertzen vnd bitten jn/
er wolle sein gedeien geben / das wir solchen
segen also aufferziehen / das Gott hie
zeitlich / vnd dorte ewiglich
dadurch geehret werde/
A M E N.

Die Neunde

Predigt von den worten S. Pauli.

I. THESS: IIII.

Das ist der wille Gottes / ewer heiligung / das jr meidet die Hurerey / vnd ein jglicher vnter euch wisse sein Faß zubehalten in heiligung vnd ehren / nicht in der lust seuche / wie die Heiden / die von Gott nichts wissen / vnd das niemandt zu weit greiffe noch verforteile seinen Bruder im handel / denn der Herr ist der Recher vber das alles / wie wir euch zuuor gesagt vnd bezeuget haben / Denn Gott hat vns nicht beruffen zur vneinigkeit / sondern zur heiligung / Wer nu verachtet / der verachtet

achtet nicht Menschen / sondern
GOtt / der seinen heiligen Geist
gegeben hat in euch.

Eliebten im Herrn / Wir haben bißher erkleret / die fürnemsten zwo vrsachen / warumb Gott den Ehestand
eingesetzt / Nemlich / der Sünden dadurch
zu wehren / vnd das menschliche geschlechte
zumehren. Ehe denn wir aber solche Predigten beschliessen / wollen wir noch anderi
drey vrsachen anzeigen / vnd dißmal sagen /
wie GOtt auch darumb den heiligen Ehestand habe eingesetzt / das man seine Natur
dabey lerne erkennen / vnd die Menschen
die nach seinem Ebenbilde geschaffen waren
(vnd doch ausserhalb des Ehestandes sich in
heiligkeit vnd reinigkeit nicht halten köndten)
so hat Gott den Ehestand dazu eingesetzt /
darinne man keuschheit vnd reinigkeit nach
seiner ordnung köndte halten / vnd köndten
also die Menschen die natur des Allmechtigen Gottes in irem Ehestande erkennen /
vnd in von den Teuffeln vnterscheiden / vnd
andern vnreinen vnkeuschen naturen / in

P v   deme

deme da sie inn vnd ausserhalben des Ehestandes keusch vnd züchtig lebeten.

Dann gleich wie Gott ein reiner keuscher
Geist ist/also wil er auch reine keusche hertzen
haben / von denen er wil geehret werden.
Nach dem dann die Menschen leider heutigs tages beide in vnd ausser dem Ehestande in vnkeuscheit vnd vnreinigkeit also leben/
als ob sie mehr dem vnkeuschen Teuffel/
dann dem reinen keuschen Gotte zufolgen
schüldig weren / so ist von nöten / das wir die
leute zur keuschheit vnd heiligung vormanen / auff das also inn vnd ausserhalb des
Ehestandes GOttes bilde an ihnen möge
leuchten.

Darumb gebt achtung auff diese ermanung des heiligen Pauli / wie er vns so
mit trefftlichen argumenten für vnkeuschheit warnet / vnd vormanet vns / das wir
Zucht / Keuschheit vnd Tugent die zeit vnsers lebens sollen lieben / vnd vns derselben
befleissigen.

Geliebten im HERRN / Es ist der
Welt brauch je vnd alweg gewesen / das sie
der lehre des heiligen Euangelij zur frechheit
vnd mutwillen des fleisches gemißbrauchet
hat/

hat / das / wenn man geleret hat / wie wir
Menschen aus lauter gnade Gottes / one
vnfer zuthun vnd gute wercke gerecht vnd
selig werden müssen / sind sie als balde dahin
gerahten / das sie gesagt haben / weil gute
wercke nicht helffen zur seligkeit / so werden
böse wercke auch nicht schaden. Vnd haben
jhnen einen solchen glauben geträumet / der
zugleich mit Sünden wider das gewissen
bestehen köndte / da doch dem glauben nichts
so harte zu wider ist / als Sünde wider das
gewissen. Eben also mißbrauchen die
leute heutigs tages der seligen lehre des
heiligen Euangelii zur freyheit des fleisches /
vnd gedencken / es gebüre jhnen beim Euangelio zuleben wie sie wollen / weil sie vom
Gesetz erlöset sind / so können jhnen die
Sünden nicht schaden / etc. Daher erfehret
man so viel Sünden von vns Euangelisch-
en / derer man zuuor vnterm Bapsthumb ist
des mehrerteils vberhoben gewesen. Dann
das ich anderer sünden geschweige / weil hat
man so viel von vnzucht / vnkeuschheit / hurerey vñ ehebruch erfaren / als daher in etlichen
jaren / vnd ist desselben noch kein auffhören /

Man

Man erfehret immer solcher grewlichen
sünden je lenger je mehr / vnd mus das liebe
Euangelium derer Sünden bey den Papisten entgelten/als brechte es solche früchte.
Aber des werden wir je für Gotte einmal
von vnsern zuhörern zeugnis erlangen/
das wir Sünde nicht gelehret / sondern ge-
weret haben / Vnd haben zum vleissigsten
gepredigt/ wie GOTT sonderlich denen
Sünden feind sey / die wider das sechste
gebot Gottes streiten / als da sind allerley
leichtfertige worte vnd wercke / böser schein/
lose geselschafft / Vnkeuschheit / Vnzucht
Ehebruch/etc. Mit denen Sünden wird
Gott zum hefftigsten erzürnet.

Dieweil aber GOtt selbs wuste vnd
erkandte / das wir aus vorderbnis vnserer
natur mehr zum argen dann zum guten
geneigt waren / vnd wenig leute weren / die
ausserhalb der Ehe ein keusch/ züchtig/reine/
vnd vnbefleckt leben führen könden / So
hat er den Ehestand als einen gemeinen
freien stand für alle Menschen eingesetzt/
darinne man one verletzung des gewissens/
könde leben. Hat also hiemit vorhüten
wollen alle vnzucht vnd vnkeuschheit / vnd
hat

hat den gewiſſen rahten wollen / das ledige perſonen auſſer dem Eheſtande ſich nicht mit vnkeuſchheit beflecken ſolten / vnd das ein jeder / ſo im Eheſtande lebete / an ſeinem Ehegemahl ſich genügen lieſſe. Dauon vnterrichtet vns S. Paulus alhie / vnd ſagt: Das iſt Gottes wille/ewer heiligung/ das ir meidet die Hurerey/etc. Q. D. Daran hat Gott keinen gefallen / das wir vnſere leibe mit vnkeuſchheit beflecken/ ſondern das iſt ſein wille/welchen er vns im Euangelio offenbaret/das wir auch heilig ſein ſollen/ wie er heilig vnd vnbefleckt iſt. Da nennet S. Paulus vnſere heiligung nach art der Hebraiſchen ſprache eins / wie er ſich auch ſelbs außlegt/ was er für heiligung meinet/ da er ſagt: Das ir meidet die Hurerey/etc.

Da vorbeut er nicht den Eheſtand/ ſondern Hurerey vnd Vnkeuſchheit inn vnd auſſer dem Eheſtande / Dann wer ſein Faß/ das iſt / ſeinen eignen leib/ helt/ das er keuſch bleibt / das iſt / das er ſeine Ehe nicht bricht/ oder auſſer der Ehe nicht Hurerey treibet / der helt ſeinen leib heilig vnd rein/ vnd heiſſet auch keuſch vnd heilig. Das beweiſet auch das folgende wörtlein: Nicht
in der

in der lust seuche wie die Heiden/etc. Q. D.
Christen wil trawn nicht gebüren/das sie
beim Euangelio in solchen bösen lüsten
leben/wie es Heiden weren/die von Gott
vnd seinem Worte nichts wusten.

Da nu S. Paulus vns vnser Christenthumb fürheit/vnd warnet vns durch
dasselbige für aller vnkeuscheit vnd vnzucht/
so lehret er vns/e/das wir vnsers Christen-
thumbs vnd vnserer lere nicht mißbrauchen
sollen/sondern wie Gott in den andern geboten seiner zehen Gebot vns seine Natur
fürbildet/das er Weise/Vorstendig/Gne-
dig/Gütig/Sanfftmütig/Gerecht/War-
hafftig/etc. ist/vnd vormanet vns solchen
Tugenden zufolgen/Also zeigt auch das
sechste gebot an/das Gott keusch sey/vnd an
vns Menschen keuschheit vnd reinigkeit lieb
habe/vnd dagegen aller vnkeuschheit/vnd
vnreinigkeit feind sey.

Darümb hat er auch fürnemlich vnter
vns Menschen den Ehestand eingesetzt/
das er ein gewis zeugnis sein solle/das gleich
wie Gott ein reiner keuscher Geist ist/welcher
an vns Menschen keuschheit vnd reinigkeit
erfodere/also habe er widerumb an aller
vnreinigkeit

vnreinigkeit einen grewlichen mißfallen/ vnd wolle dieselbige mit zeitlicher vnd ewiger penen straffen.

Wie auch S. Petrus fein sagt/1. Pet. 1. Quemadmodum is, qui vocauit vos, sanctus est, ita ipsi quoꝗ sancti in omni conuersatione reddamini, propterea quod scriptum est: Sancti estote, quoniam ego sanctus sum.

Das were in gemein von diesem text gesaget/ wie S. Paulus erfodere/ das wir neben dem heiligen Euangelio ein heiliges züchtiges leben füren sollen/ auff das auch an vnserm leben ein ebenbilde Gottes (der da heilig/ rein vnd keusch ist) vnd nicht des Teuffels (der ein Geist der Vnreinigkeit vnd Vnkeuschheit ist) erscheine. Dis solte frommen Christen alleine warnung gnug sein/ das sie in zucht vnd ehren jhr leben bis zum heiligen Ehestande zubrechten/ vnd das sie hernach im Ehestande sich nicht mit Ehebruch verunheiligten/ sintemall sie hie hören/ das heiligkeit/ keuschheit vnd reinigkeit ein bilde Gottes sindt/ die sünden aber dagegen/ sind ein bilde des Teuffels.

Nu

Nu bringt es aber leider der Teuffel dahin / das solche Sünden gar gemein werden / vnd das schier niemandt sich dafür mehr wil schewen / das jhr viel mit solchen sünden jhren Ehestand anfahen / Auch wol im Ehestand solcher sünden sich vleissigen / die sollen bedencken / welchen ebenbilde sie sich gleichförmig machten / Gottes oder aber des Teuffels / vnd das sie nicht für heilige / sondern für vnheilige vnd für vordampte leute gescholten werden / vom heiligen Geiste.

Höret aber / was S. Paulus für vrsachen setzet / dadurch er vns von Hurerey vnd Ehebruch wil abschrecken. Nemlich diese / Als erstlich à voluntate & mandato Dei. Das ist Gottes wille / vnd ernster befehl / das jhr heilig / züchtig vnd keusch leben sollet. Gott wil das der Mensch in diesen tügenden jhme vnd nicht dem Teuffel in sünden vnd Lastern wider das sechste gebot / ehnlich sein solle. Was ist aber billicher / dann das man Gottes willen vnd gebot darinne gehorche / vnd folge? Dann wer wird vngestrafft bleiben / der seinem willen vnd gebot widerstrebet? Derhalben solte vns je dis alleine bewegen / keusch vnd

züchtig

zůchtig zuleben / weil wir wissen / das Gott
daran einen gefallen habe. Ja es sagt die
Epistel zun Hebreern am 12. auch. Sine
sanctificatione nemo videbit Dominum.
Item Matth: 5. werden die für selig gerühmet / die eines reinen hertzens sind / dann
sie sollen Gott sehen. Was ist nu dis anders
dann das alle vnzüchtigen von GOttes
angesichte sollen ewiglich verstossen sein.

Derhalben wer solche gabe vnd gnade
der keuscheit an sich nicht befindet / der be-
gebe sich in den Ehestand / welchen Gott zu
verhütung alles diesen vnrahts hat eingesetzet / Wie 1. Cor. 7. geschrieben stehet. Die
ander vrsache ist à dignitate humani cor-
poris, Welchen S. Paulus nennet ein
heiliges gefeß. Heilige gefesse nennet die
schrifft / die zum Gottes dienste verordnet
waren / die man sonste zu nichts anders gebrauchen durffte / Vnd da der König Bal-
thasar derselben gefeß in seinem pancket
mißbrauchete / ward er von GOtte drumb
gestrafft / das er nicht allein vmbs Königreich / sondern vmb leib vnd leben kam. Also
sagt S. Paulus seind vnsere leiber auch
heilige gefeß / von GOtte zur heiligkeit ge-

Q   schaffen /

schaffen/ das sie Tempel Gottes sein sollen/
Wenn man nu solches gefesses wil zur vnreinigkeit mißbrauchen/vnd wil Gott durch
solche Sünden aus seinem Tempel stossen/
wie wird es GOTTE gefallen? Drumb
sehet / das vnsere Leiber gefesse der ehren/
vnd nicht der schmach vnd schande sind vnd
bleiben/ das sie sindt wonungen des heiligen
Geistes/ vnd nicht eine Cloaca der vnsau-
bern Geister/etc.

Die dritte vrsache nimpt S. Paulus
ab honore debito corpori nostro. Gott
wil das ein jeder seinem leibe/ seine gebürliche ehre erzeige. Was kan einer aber seinem leibe für eine grössere schande anlegen/
dann das er denselben Leib / welcher ein
Gliedmas des HERRN Christi ist/ zum
gliedmas einer Bübin machet/in dem er mit
einer Bübin ein leib wird? Dagegen
was kan einer seinem Leibe für eine
grössere ehre thun / dann wenn er mit Gotte
ein Geist ist/welches geschicht / wenn er mit
keuschem hertzen vnd gemüte Gott ehret
vnd anruffet/der ist mit Gotte/ vnd Gott ist
mit jhme eines. Leset von solcher ehre vnd
vnehre vnsers leibes/ 1.Corinth.6.

Die

Die vierde vrsach ist à discrimine inter
gentes & Christianos. Inter pios & im-
pios. Es mus trawn ein vnterscheid sein
zwischen Christen vnd Vnchristen/zwischen
denen die Gott kennen/ vnd zwischen denen/
die nichts von jhme wissen/Bey den Heiden
vnd Gottlosen mag man wol solche Sünden vnd Laster finden / dann sie kennen
Gott nicht was er für ein reiner keuscher
Geist sey. Aber bey Christen wil sich solches
keines weges nicht leiden / die da wissen / das
GOtt an solchen Sünden keinen gefallen
hat. Da nu Christen sich mit solchen sünden beflecken / so ist zwischen jnen vnd den
Gottlosen Heiden kein vnterscheid/so lang
man in solchen sünden lebt/ Vnd wird jn
die nicht helffen / das er sich einen Christen
nennet / sondern er wird das vrteil so wol
als ein Heide erfaren müssen / das kein
Hurer noch Ehebrecher theil habe am Reich
Gottes/ vnd des Herrn Jesu Christi.

Die fünffte vrsache ist ab vltione Diui-
na. Gott ist ein rechter ober solche Sünden.
O wie schwer ist es / dem Richter in seine
hende fallen. Nu fallen aber darein/alle die
inn oder ausserhalb des Ehestandes ihr

Q ij   gewissen

gewissen mit Sünden der vnzucht beschmitzen vnd beschweren / Derhalben haben sie sich auch seiner straffe gewis zuuersehen / wie dann die Historien von anbegin der Welt außweisen/ das GOtt alwege solche Sünden grewlich gestrafft hat / Diluuio, Euersione Sodomæ, Deletione tribus Beniamiticæ. Item / teglüche exempel sihet man/das solche leute in schande/verachtung vnd allerley vnraht kommen / Dann wer sich mit Huren nehrt / dem ist wider glück noch heil bescheret. Item Heb: 13. Scortatores & adulteros iudicabit Deus, &c.

Die letzte vrsache à vocatione piorum: Gott hat vns nicht beruffen zur vnreinigkeit / sondern zur heiligung. Gott hat traun nicht darumb so viel an vns gewandt / oder mit dem Blute seines lieben Sons abgewaschen/geheiliget vnd gereiniget / das wir wie die Sewe vns widerumb im kote weltzen solten / Sondern das wir in solcher heiligung bis ans ende vnsers lebens sollen beharren/ Wie ad Titum 2. stehet. Wer aber sich nicht also helt / der vorgist seines Christenstandes vnd beruffes/ vnd dencket nicht

anders/

anders / als hette in Gott darumb aus dem
Reiche des Teuffels errettet / das er in aller
schande vnd vntugent solte leben. Sehet
wie herrliche vrsachen S. Paulus setzet /
damit er vns zur keuschheit vnd heiligkeit wil
vormanen.

Bedencket nu allzumall diesen text /
vnd jr / so jr noch nicht im Ehestande seiet /
bewaret ewere Ehre / vnd keuscheit / die jr im
Ehestande lebet / dencket / das ewer Ehestand
eine erinnerung des ebenbildes vnd der
Natur Gottes sey / das gleich / wie er ein
reiner Geist ist / also wolle er in reinen /
keuschen / vnbefleckten Ehebet / von Eheleuten angeruffen werden / vnd solches gebete wolle er gelten lassen / Wie die Verß
heissen.

Casta Deus mens est, casta uult
mente uocari
Et castas iussit pondus habere
preces.

Wir dancken Gotte für diese erkendnis vnseres Ehestandes / vnd bitten jn / er
wolle

wolle diesen vnd andern Eheleuten sich in
ihrem Ehestande gnediglich zuerkennen
geben / in zucht / keuschheit vnd heiligkeit sie
erhalten / vnd dem Teuffel vnd allen seinen
gliedern stewren vnd weren / die sie zur vnzucht oder vnkeuschheit wolten verursachen /
auff das sie mit keuschen reinen hertzen
GOTT hie anruffen / vnd dorte von
angesichte zu angesichte sehen /
vnd ewiglich preisen mögen /
AMEN.

Die

Die Zehende
Predigt von den wor-
ten Mosi.

GENESIS II.

Gott sprach: Es ist nicht gut/
das der Mensch alleine sey/ Ich wil
im einen gehülffen machen / die sich
zu im halte.

EPHES: V.

Ir Menner liebet ewere Wei-
ber/gleich wie Christus geliebet hat
die Gemeine/ vnd hat sich selbs für
sie gegeben / auff das er sie heiliget/
vnd hat sie gereiniget durch das
Wasserbad im Wort / auff das er
sie jhme selbs darstellet eine gemei-
ne/ die herrlich sey/ die nicht habe
einen flecken/ oder runtzel/ oder des

Q iiij etwas

etwas / sondern das sie heilig sey
vnd vnstrefflich. Also sollen auch
die Menner jre Weiber lieben / als
jre eigene Leibe / Wer sein Weib
liebet / der liebet sich selbs / Denn
niemand hat jemals sein eigen
fleisch gehasset / sondern er nehret es /
vnd pfleget sein / gleich wie auch der
Herr die Gemeine. Denn wir sind
glieder seines Leibes / von seinem
fleische / vnd von seinem gebeine.
Vmb des willen wird ein Mensch
vorlassen Vater vnd Mutter / vnd
seinem Weibe anhangen / vnnd
werden zwey ein fleisch sein.

Das geheimnis ist gros. Ich
sage aber von CHRIsto vnd der
Gemeine.

Geliebten

Eliebten im Herrn / Wir haben nu
lange mit der außlegung der Deft-
nition des heiligen Eheſtandes
vmbgangen / auff das wir vnſere zuhörer
recht vnterweiſeten / was der Eheſtandt
were / wie ſie ſich darein begeben / vnd wie
ſie recht darinne leben ſolten / vnd habens nu
bracht bis auff die letzte Predigt / darinne
vollent ſol angezeigt werden / warumb Gott
den Eheſtand habe eingeſetzt / oder was in
dazu verurſachet habe / dauon ir albereit
dieſe drey vrſachen gehöret habt / Nemlich
zum erſten auff das denen Sünden dadurch
geſtewert würde / die Gott trefflich erzürnen /
vnd wider das ſechſte gebot Gottes ſtreiten.

Zum andern das durch dis mittel das
Menſchliche geſchlecht erhalten / außgebreitet / vnd das Reich GOTtes gemehret
würde.

Zum dritten / auff das man durch den
Eheſtand GOtt als einen keuſchen Geiſt
von allen vnſaubern Geiſtern vnd Teuffeln
vnterſcheiden / vnd in in vnbeflecktten Ehebet
mit keuſchem hertzen ehren vnd anruffen
könte / etc. Jtzund wollen wir noch zwo vrſachen erzelen / vnd hiemit dieſe Predigten
beſchlieſſen.   Q v   Warumb

Warumb hat Gott mehr den Ehe-
stand eingesetzt/ dann vmb er-
zelter vrsachen willen:

Antwort.

Auff das der Mensch einen gesellen
seiner güter/ vnd einen tröstlichen gehülffen
seiner trübsal/ mühe vnd arbeit hette. Item/
auff das wir im eusserlichen Ehestande ein
augenscheinlichs bilde hetten des grossen ge-
heimnis/ vñ der geistlichen vorläbnis zwisch-
en Christo vnd seiner Braut/ der Christlichen Kirchen. Dauon wollë wir bey diesem
Christlichen Kirchgange kürtzlich sagen.

So höret nu erstlich. Wo stehet denn
geschrieben/ das Gott den Ehestand darumb
eingesetzet habe/ das der Mensch einen gesellen oder gehülffen haben möchte? Antwort. Itzund habt ir aus dem ersten buch
Mosi gar ein helles klares zeugnis gehört/
da Gott selber saget? Es ist nicht gut/ das
der Mensch alleine sey/ ich wil ihme einen
gehülffen machen/ die sich zu ihme halte/ etc.
Da stehet/ das Gott das einsame leben nicht
gefelt/ als der Mönche/ Nonnen/ Pfaffen
vnd anderer so von natur zum Ehestande
geschickt/

geschicht / vnd nicht mit sonderer gnade be-
gabet sind.

Dann weil es Gott nicht für gut achtet/
vnd selbs ein gehülffen schaffet/so mus es je
besser sein/ sich im Ehestande finden lassen/
da Gott selbs einen gehülffen vnd gesellen
verordnet / Nicht allein zu mehrung des
Menschlichen geschlechtes / sondern auch
zur narung haußhaltung/Kinderzucht: vnd
der gantzen haußregierung/ Ja einen solchen
gehülffen / die vmb den Mann sey / weil sie
beide leben / es gehe jhnen wol oder vbel/das
eins vom andern sinen trost vnd frewde/
eins zum andern in allen nöten vnd engsten
nechst Gotte seine hertzliche zuflucht vnd
vortrawen haben möge.

Dann es je war ist / das in trübsal nach
Gotte kein höher trost ist/daß ein Gottfürchtiger vnd fromer vorstendiger Ehegenosse/
wie auch der weise Mann spricht/ Eccle-
siast: 4. Wehe deme/der alleine ist/ wenn er
fellt/ so ist kein anderer da/der jne auffhelffe.
Item Salomon Prouerb: 31. Wem ein
tugentsam Weib bescheret ist / die ist viel
Edeler denn die köstlichen Perlen / jhres
Mannes hertz darff sich auff sie verlassen.
Also

Also auch dieweil das Weibliche geschlechte an sich selbs ein schwach gefesse ist / das sich selber nicht füren noch regieren oder schützen kan / so hat Gott jhnen erleubet / ja geboten / das sie in den Ehestandt sich begeben sollen / da habe er einer jeden jhren Eheman verordnet / an welche sie sich halte / von welchem sie regieret werde / vnd jhren schutz an jhme habe. Das ists nu / das Gott spricht / Es ist nicht gut / das der Mensch alleine sey / dann GOtt der Herr wil nicht das der Mensch ein einsam Münch oder Nonnen leben füren solle / sondern er solle vnter leuten wonen / im Haußregiment / im Weltlichem Regiment / in mancherley handel vnd wandel. Dazu bedarff er eines trewen gesellen vnd gehülffens. Wie kan aber ein Mensch einen getrewern / bestendigern / nehern vnd bessern gesellen vnd freund haben / dann ein frommes getrewes Ehegemahl? Was für grosse heucheley vnd vnbestendigkeit wird bey andern freunden erfunden? Die wir offt für die besten halten / weichen von vns / so bald es vnglücklich zugehet. Vnterweilen treibt der newe freundt den alten aus / wenig halten bis an jr ende bestendige freundschafft.

Der

Der Pythagoras beschreibet die rechte freundschafft also: Es sey eine Seele zweier Menschen / Aber vnter Eheleuten ist noch nehere vnd grössere freundschafft/Nemlich/ auch ein leib zweier Menschen / wie man sagt : Mann vnd Weib sind zwo Seelen vnd ein Leib. Dann es werden zweier Menschen leibe vnd gemüter also nahe miteinander vorbunden/gleich als weren sie ein Mensch. Diese freundschafft hat Gott selbs eingesetzt vnd verordnet. Derhalben sollen alle Gottfürchtige leut diese ernstliche ordnung vleissig betrachten / vnd sich ja hütten / das sie nicht dawider sündigen/ dañ da ist kein zweiffel/das alle so dawider thun/ ernstlichen gestraffet werden.

Da gedencke nu ein jeder/wie viel Menschen dawider thun / vnd da Gott sagt / Es ist nicht gut / das der Mensch alleine sey/ Ich wil im einen gehülffen machen/so sagen sie dagegen / Es ist nicht gut das jr zwey im Ehestand beysammen sind. Als da erstlich sind die Thumherren / Pfaffen / Mönche vnd Nonnen/ die vmb faulheit/müssigganges vnd guter tage willen den heiligen Ehestand meiden. Item die jenigen / die zuvor

hütung

hütung allerley Haußcreutzes sich in eine
wüsten oder einöde begeben / als ob man
Gotte daselbs mehr dienen/ vnd den künsten
fleissiger obliegen köndte / dann im Ehestande.   Item / die / so zu verhütung der
menge der Erben sich des Ehestandes euf-
fern.   Item / das junge Volck / das jhme
das freche vnzüchtige leben ausserhalb dem
Ehestande lesset besser gefallen / dann Gottes ordnung.   Ja der Babst hat GOTT
öffentlich reformiret vnd lügengestraffet/
dann da Gott saget / Es ist nicht gut das
der Mensch alleine sey / etc. So sagt der
Bapst es ist nicht gut im Ehestande sein/
verbeut den Geistlichen denselben / lestert in
an den Leien / vnd sagt / es sey ein Fleischlicher standt / darinne man GOtte nicht
könne dienen / Die Widerteuffer sagen der-
gleichen/ vnd lassen jhnen Viehische vnordnung mehr gefallen / dann die / was Gott
hie selber approbiret vnd ordnet.   Was
ists dann wunder / das auch so mancherley
straffen vber solche lesterer des Ehestandes
je vnd allewege gangen sind / wie die heilige
Schrifft bezeuget? Derhalben sollen jhen
fromme Eheleutlein diese vrsache wol einbilden)

bilden/ das sie bedencken/ wie es GOTT
so gut gemeinet hat/ da er ir zwey zu solcher
freundschafft durch den Ehestandt zusammen vorbindet/ das sie die zeit ihres lebens
einander trewe freundtschafft/ liebe vnd
alles guttes erzeigen sollen/ wird aber eins
ein vngetrewer gehülffe sein/ wirdt seinen
Ehegenossen nicht mit trewen meinen/ so
wird GOTT dasselbige nicht vngerochen
lassen. Die vnuornünfftigen Thier geben
vns exempel solcher Ehelichen trewe/ liebe
vnd freundtschafft/ wie man von Türtel-
tauben/ Eißuogel/ etc. viel schreibet. Dauon in den Predigten von Adams Hochzeit mehr zufinden ist.

Wo stehet aber dis in Gottes worte
geschrieben/ das Gott den Ehestand
darumb habe eingesetzt/ das Eheleut daran ein bilde haben sollen/des
Geistlichen vorbündnis Christi
vnd seiner Kirchen?
Antwort.
Die heilige Schrifft ist des voller
zeugnis/ das sich Christus der HERR
einem Breutigam/ vnd seine Christliche
Kirche

Kirche einer Braut vorgleichet / sonderlich
aber streicht S. Paulus Ephe: r. solches
gar herrlich aus / dann da er sagt wie Mann
vnd Weib ein leib sind / vnd wie sich das
Weib gegen dem Manne alles guten solle
vorsehen / vnd jhme gehorchen / da setzt er
balde drauff / das geheimnis ist gros / Jch
sage von Christo vnd der gemeine / vnd alles
das jenige was er eusserlicher weise auff
Eheleut geredt hat / das deutet er geistlicher
weise hernach auff Christum vnd seine
Kirche. Derhalben so haben Eheleute an
jhrem Ehestande ein schön bilde vnd tegliche
erinnerung dieses wunderlichen vorbündnis / dadurch jme Gott eine gemeine aus
dem menschlichen geschlechte erwelet hat /
vnd seiner vnaußsprechlichen liebe / welche er
gegen seiner Braut der Christenheit tregt.
Solches bilde hat sich balde mit Adam angefangen / dann gleich wie er entschlefft /
vnd Gott öffnet jm seine seitten / Nimpt
eine Rieben heraus / vnd bawet daraus ein
Weib / die seiner gemeinschafft geniessen
sollen / also entschlefft der Himlische Adam
Jesus Christus am Creutz / da jhme auch
seine seitten geöffnet wird / daraus blut vnd
                                    wasser

Waſſer fleuſt / daraus gebirt jhme GOtt
eine Braut vnd gemeine / die ſeiner gemeinſchafft ewiglich genieſſen ſol / dann durch
das Blut wird die gemeine von GOttes
zorn / vnd der gewalt des Todes vnd Teuffels erlöſet / durchs Waſſer wird ſie von
ſünden abgewaſchen / vnd von newen geboren. Dis köndten Eheleut teglich in jrem
Eheſtande als in einer Poſtille ſehen / vnd
ſich damit tröſten. Dann die ſtück ſo wir
finden in einem euſſerlichem rechtem Eheſtande / zwiſchen Manne vnd Weibe / die
ſollen wir auch Geiſtlicher weiſe betrachten
vnd finden zwiſchen Chriſto vnd ſeiner
Chriſtlichen Kirche.

Welchs ſind aber ſolche ſtück / die zu euſſerlichem Eheſtande gehören?

Antwort. Dieſe ſechſe / Nemlichen /
rechte liebe / die eins gegen dem andern tregt /
Eheliche trewe / Gemeinſchafft des guten
vnd böſen / Kinder zeugen / Schutz / vnd lin-
digkeit oder ſanfftmut / ſo eins kegen dem
andern haben ſol.

X   Das

Das zwischen Eheleuten eine hertzliche liebe sein solle / zeigt das gnugsam an /
das GOTT das Weib nicht aus der
Erden / sondern aus des Mannes fleische
vnd beine / zu nechst beim hertzen erbawet
hat / auff das sie beide dadurch erinnert
würden / was für liebe zwischen jhnen sein
solte Das Weib solte dem Mann von
hertzen lieben / weil sie von jhme genommen
worden / vnd er gleich eine vrsach ist jhres
wesens vnd lebens. Widerumb solle der
Mann sein Weib als sein eigen Fleisch vnd
Bein lieben / Ja als ein stücke seines leibes
vnd hertzens / Wie S. Paulus sagt: Ihr
Menner liebet ewere Weiber als ewer eigene leibe / Wer sein Weib liebet / der liebet sich
selbs / dann niemand hat jemal sein eigen
fleisch gehasset / etc. Wie nu solche liebe zwischen Gottfürchtigen Eheleuten ist / also
sollen wir gewißlich gleuben / das vns vnser
lieber HErr vnd Breutigam Jesus Christus auch hertzlich liebe / vnd viel lieber habe /
dann kein Mann sein Weib hat. Solche
seine liebe beweiset er damit / weil er sich selbes
für vns gegeben hat. Derwegen sol die liebe /
so zwischen frommen Eheleuten ist / eine
erinnerung

~~erinnerung~~ sein dieser grossen vnaußprech-
lichen liebe des Herren Christi gegen vns/
auff das wir dieselbige dem schrecken der
Sünden / des Zorns Gottes / des Todes
können entgegen halten / vnd dadurch solch
erschrecken vberwinden / vnd dagegen jn
wiederumb lieben / vnd alles von seinet wegen gerne dulden vnd leiden/etc.

Das ander im eusserlichem Ehestande
ist Eheliche trewe / das eins dem andern
glauben halte / vnd nicht außfellig werde/
der Mann das hertze nicht an andere Weiber / das Weib jr hertze nicht an andere
Menner henge. Solche bestendige Eheliche trewe finden wir an vnserm Breutigam dem HERren Christo / er henget sich
nicht an andere hauffen/die sein Wort verachten / verfolgen oder vorfelschen / Sondern bey der helt er bestendig aus / welche
seine als jhres Breutigams stimme alleine
höret.

Dagegen wir widerumb vnserm Breutigam Christo trewe vnd glauben beweisen/
welche wir jhme in der Tauffe gelobet
haben / sollen nicht durch Abgötterey / fal-
sche Lehre / oder verachtung GOTTES

Worts an jhme trewlos werden / sondern
vnsere keuschheit vñ reinigkeit jme bewaren.

Zum dritten / Wie Eheleute miteinander in vngeteilten gütern sitzen / vnd eines mit dem andern gutes vnd böses leidet. Also gehet es zwischen Christo vnd seiner gemein auch zu / was wir haben / das ist sein / was er hat / das ist vnser / dann da nimpt Christus auff sich vnsere Sünde / den zorn Gottes / den Todt vnd die straffe / vnd gibt vns dagegen seine Gerechtigkeit / vnschuldt / leben vnd seligkeit. Er schencket vns den heiligen Geist / wir sollen jhme wider geben vnsere güter / als nemlich / das wir jhn vnd sein Wort bekennen / jhme für seine güter dancken / jn ehren vnd preisen.

Zum vierden gehört zum eusserlichen Ehestande die Generatio, das Kinder zeugen vnd geberen / das ist auch ein bilde vnd erinnerung der geistlichen geburt vnd Kinderzucht. Dann CHRIstus vnser lieber Breutigam gibt seiner Kirchen sein Wort / die Tauffe / den heiligen Geist / dadurch jmt teglich Kinder gezeuget / vnd geboren werden / auff das sie erben Gottes vnd miterben Jesu Christi sind. Solche Kinder besielet

Christus

Christus der Mutter der Christlichen Kirchen auffzuerziehen / zu seugen vnd zuerne-
ren / durch das heilige Euangelium / vnd die
hochwirdigen Sacramenta. Also ist die
eusserliche leibliche geburt ein bilde der newen
widergeburt. Item das Eltern jhre Kinder
nicht alleine leiblich ernehren / sondern dem
Herren Christo aufferziehen vnd zuführen
sollen.

Zum fünfften / gehört zum eusserlichen
Ehestande der schutz / welchen der Mann /
als das Heupt dem Weibe zuleisten schüldig
ist. Also ist Christus das Heupt seiner Kirchen; des schutzes wir vns billich frewen vnd
trösten / Dann der ist der Schutzherr seiner
Christlichen Kirchen von anbegin der Welt /
wie die exempel beweisen. In der Archa / Lot /
Abraham / das Volck Israel in der Wüsten.
Des trostes können wir in allen trübsaln
vnd widerwertigkeiten gebrauchen / vnd vns
auff den schutz vnsers Breutigams in allen
nöten vorlassen.

Das letzte im eusserlichen Ehestande
ist die ꝛ. Da eins dem andern biß-

weilen

weilen vorsehen mus. So mus eins des
andern schwachheit vnd gebrechen tragen/
wie dann vnser lieber Breutigam vns seinen Christen auch viel zu gute helt / vnd
nicht alwege straffet / wie wirs wol vordie-
nen / vnd da er vns straffet / so zwingen wir
jn dazu/mit vnsern vielfeltigen Sünden.

Sehet/vmb dieser trefflichen tröstlich-
en lere willen hat Gott den Ehestand verordnet / das man sich derselben im eusserlichem Ehestande stets solle erinnern / vnd
wo man einen solchen lieblichen Ehestande
sihet / das man dieses grossen geheimnis
dabey stets gedencke. Wie köndte GOtt
den Ehestand höher preisen / dann da er in
seinem worte so offte diese grosse dinge
damit vorgleichet. Derhalben tröstet ihr
euch billich damit / vnd da euch Creutz im
Ehestand begegnet / verlasset jr euch auff
ewern Himlischen Breutigam Jesum
Christum / der euch als seine liebe Braut
hertzlich liebet / mit trewen meinet / euch zur
gemeinschafft seiner güter annimpt / euch
von newen gebieret / beschützet / vnd aus
mitleiden mit ewer schwacheit gedult tregt.

Gott

Gott helffe diesen vnd andern
Eheleuten/das sie aus ihrem eusserlichem Ehestande / die liebe vnd
trewe ihres Himlischen Breutigams erkennen / vnd derselben
zeitlich vnd ewiglich ge-
niessen/Amen.

Finis Definitionis Ma-
trimonij.

Ein Schön Gebet eines Ehemannes.

ALmechtiger / ewiger / gütiger GOtt / Der du den heiligen Eheſtand ſelbſt eingeſetzt / vnd durch deines lieben Sons Jheſu Chriſti erſte Wunderzeichen / verehret vnd gezieret haſt / als einen ſtand der dir angenem iſt / in welchem auch viel heilige Ertzuäter vnd Propheten / Gottſelig gelebt / vnd dir wol gefallen haben. Weil denn du mich auch in der heiligen Ehe gerhaten / zur Haußhaltung verordnet / vnd ein ſonderlich wolgefallen an den dreyen ſtücken haſt / Nemlich / Wenn Brüder eins ſind : Vnd die Nachbarn ſich lieb haben : vnd Mann vnd Weib ſich mit einander wol begehen. So bitte ich dich von hertzen

hertzen grundt / Verleihe mir das
ich in Chriſtlicher lieb vnd einigkeit/
mit vernunfft bey meinem Weib/
als dem ſchwechſten Werckzeug
wohne / derſelbigen ihr Ehr / als
auch Miterben der gnade/ des Lebens / gebe / ſie ſampt Kinder vnd
Geſinde/ ziehe zu deinem erkentnis
vnd Göttlichen ehren/ in aller zucht
vnd erbarkeit. Darzu ſo gib gnad/
das ſie mir in allem guten / vnd zu
aller Gottſeligkeit folgen / vnd ſich
ziehen laſſen / Wehre den Eheteuffel / das er nicht zwitracht vnd
zanck zwiſchen vns einmenge/ vnd
wo wir etwan aus ſchwacheit vber-
eilet / vneins würden / ſo hilff / das
wir vns bald wider mit einander
verſönen / laß mich keins andern
Ehegemals vnd weibsbild gelüſten/
oder dieſelbige mit einem böſen

auge ansehen/jr zubegeren. Behüte
mich/mein Weib/Kinder vnd ge-
sinde/für kranckheit/nach deinem
Göttlichen willen. Du wollest auch
mir deinem Knecht verleihen/das
ich meines beruffs fleissig warte/im
schweis meines angesichts mein
Brod esse/vnd michs nicht lasse ver-
driessen/ob es mir sawer mus wer-
den/denn du hast es also geschaffen.
Verleihe glück vnd heil zu meiner
narung/das dieselbige durch deinen
segen/on anderer Leut schaden vnd
nachtheil/gemehret werde. Beschere mir from Gesind / vnd trewe
Arbeiter. Behüte mir hauß vnd
hoff/vnd alles was du mir gegeben
hast. Hilff vns auch das Creutz in
vnserm stand gedüldig tragen/vnd
nach diesem leben/versamle vns in
dein Reich/zu allen gottseligen Ehe-
leuten/Amen. Ein

Ein ander Gebet einer
Haußmutter.

Vtiger GOTT/ getrewer
Vater/ weil du mich aus gnaden in den heiligen Ehestand
zur haußhaltung beruffen hast/ darinne ich dir auch meinen GOTT
dienen vnd gefallen kan. So gib
mir deiner Dienerin gnade/ das ich
deine Göttlich furcht stets für meinen augen habe/ vnd dich meinen
Schöpffer vnd Erlöser vber alle
ding liebe vnd vertrawe/ Nach dir
aber/ meinen Mann fürchte/ ehre
vnd liebe/ vnd mich keines andern
lasse gelüsten. Hilff das nach deinem Gebot / mein wille meinem
Manne vnterworffen sey/ demselbigen zugehorchen in aller billig-
keit/ vnd das der verborgen Mensch

meines

meines hertzens vnuerruckt / mit
sanfftem stillen Geist/vnd mit allerley tugenden geschmückt sey / wie
vorzeiten die heiligen Weiber gewesen / die ihre hoffnung auff Gott
satzten/ vnd jhren Mennern gehorsam waren. Gib mir deiner Magd/
einen keuschen züchtigen wandel/ in
der furcht vnd demut / das ich in
aller Gottseligkeit/mit freundlichen
vnd sittigen worten / den zorn vnd
vnmut meines Haußwirts könne
ablehnen vnd versünen / vnd jhm
mit glimpff begegnen/ Darzu meine Kinder vnd Gesinde mit sanfft-
mut/zu lob vnd Ehr deines heiligen
namens aufferziehe/vnd das sie mir
folgen mit willigem hertzen / zu
allem gutem. Hilff auch / das ich
meinem Manne / ein getrewer gehülffe sey / Vnd die narung / so du
uns

vns aus gnaden thuſt beſcheren/
fleiſſig zuſammen halte/vnd nichts
verwarloſe/Sondern helffe arbeiten vnd ſchaffen/was mir zu-
ſtendig iſt in meinem beruff/Auff
das ich habe zu geben dein dürffti-
gen/vnnd meine Hand außbreiten
könne zu den Armen. Behütte
vnns für vngetrewen Arbeitern
vnnd böſem Geſinde/die vnſere
Narung ſchmelern vnd vergey-
ten. Verleihe mir auch gnad/
das ich das Creutz im Eheſtande
gedültig trage/vnd nicht ſo balde
ſchüchter oder geſchreckt werde/
wo ſich ein leiden erhübe/ſintemal
durch anfechtung vnd widerwertigkeit vnſer Glaube beweret wird.
O HERR GOTT/in deine
Allmechtige

Allmechtige gewalt / befehle ich dir
mich / meinen lieben Ehemann /
alle meine Kinder vnd Gesinde /
Du wollest vns behüten für Sünden / schanden vnd allem leid /
Durch Jhesum Christum
vnsern HERRN
AMEN.

Gedruckt zu
Budissin/ durch Michael Wolrab.

M. D. Lxxx.